◆

齐鲁圣贤语录

马新主编

◆

庄子语录

刘厚琴 编著

山东大学出版社

图书在版编目(CIP)数据

庄子语录/刘厚琴编著．—济南：山东大学出版社，2016．3
（齐鲁圣贤语录/马新主编）
ISBN 978-7-5607-5519-9

Ⅰ．①庄…　Ⅱ．①刘…　Ⅲ．①庄周（前369～前286）—语录　Ⅳ．①B223．5

中国版本图书馆CIP数据核字(2016)第066595号

责任编辑：陈海军　张　瑞
封面设计：牛　钧

出版发行：山东大学出版社
　　社　址　山东省济南市山大南路20号
　　邮　编　250100
　　电　话　市场部(0531)88364466
经　销：山东省新华书店
印　刷：山东华鑫天成印刷有限公司
规　格：850毫米×1168毫米　1/32
　　6．375印张　107千字
版　次：2016年3月第1版
印　次：2016年3月第1次印刷
定　价：16．00元

本书系山东省古籍整理项目“齐鲁文化经典研究”、齐鲁文化名家立项课题“走进齐鲁经典文化”结项成果

《齐鲁圣贤语录》课题组

课题组负责人 马　新

课题组成员 （以姓氏笔画为序）

马　新　马德青　王玉喜　巩宝平

刘厚琴　李吉东　李学娟　吴　云

陈以凤　校　潇　郭　浩　郭海燕

总序

所谓语录，就是对圣贤哲人言论的撷录。或只言片语，或精妙短论，虽为吉光片羽，但无一不是其思想之精华，足以让我们走近圣哲，与之对话，聆听教诲。这套《齐鲁圣贤语录》，就是对春秋战国时代齐鲁圣贤言论的撷录。

齐鲁之邦，钟灵毓秀，圣贤辈出。自齐太公姜尚以来，生于斯、活跃于斯者粲然可观。春秋时代，有管子、孔子、晏子、孙子；战国时代，有孟子、庄子、荀子、孙膑，还有吴起、公孙衍、许行、慎到、扁鹊、甘德，等等，不一而足。秦汉以后，至于近代，同样是代不乏人。但影响最为深远的还是春秋战国时代的齐鲁圣贤哲人。因此，我们首先从其中寻找有较为完整的传世之作者，采撷其言论，汇为一编。计有《孔子语录》《管子语录》《晏子语录》

《孙子孙膑语录》《荀子语录》《墨子语录》《孟子语录》《庄子语录》,共八册。

对于先人言论的重视是中国自古以来的传统,西周、春秋时代史官的分工就是“左史记言,右史记事”。弟子后学对其先师达人的言论也格外珍视。因而,在圣哲们的传世著作中,大部分内容是弟子及后人对其言论的汇集,实际上就是一部言论集。这就为我们的工作提供了莫大的便利。在选取时,我们以其最具代表性的著作为底本,着重披选;将散见于其他著作或典籍的言论作为补充,亦酌情录人。如《孔子语录》主要选自《论语》,同时又从《礼记》《庄子》《韩非子》《孟子》《孔子家语》等典籍中录出一部分,共成一册。

齐鲁圣哲虽是齐鲁文化名人,但又不单纯是地域性名人,因为他们同时还是诸子百家的代表人物。长期以来,他们一直高居神殿之上,有着神圣的光环,诸如“至圣”“亚圣”“兵圣”……让人难以接近。历朝历代的学问家们为之作注、作解者不计其数,但几乎都是高深的义理之疏,寻求的是其中的微言大义。我们这套《语录》则是反其道而行之,重在寻找圣贤哲人的言论中那些至今依然光彩四溢,让人爱不释手、随时受用者,让圣哲们深邃的哲理走出殿堂,成为大众的良师益友。因而,我们注重选取那些至今仍有活力、朗朗上口者,千百年来脍炙人口的名言警句则优先选入。对所选语录只进行难

字难词的简要注释，并配以今译，不再进行引经据典式的层层疏解，以便于读者去除屏障，直接与圣哲们对话。

这套《语录》是我们为中国传统文化的传承与普及做的初步尝试，也是向齐鲁圣贤哲人的致敬之作。囿于水平与学识，粗疏之处，在所难免，敬请广大读者不吝赐教。

马　新

2016年2月于山东大学高阁书斋

前言

庄子(约前 369～约前 286 年),名周,战国中期蒙(今山东曹县)人。庄子自幼聪明好学,曾南游楚、越,探访古风。除了年轻时曾经做过"漆园吏",他一生率性任真,崇尚自然,傲视王侯,甘于清贫,始终不与权贵交。他提倡"天地与我并生,万物与我为一"的精神境界,强调人生的最高境界是逍遥自得,是绝对的精神自由,而不是物质享受与虚伪的名誉。庄子是道家学派的代表人物,后世将他与老子并称为"老庄",其哲学思想被尊为"老庄哲学"。他为后世留下的《庄子》一书,既是道家学派的思想经典,也是齐鲁文化元典,从中我们可见庄子其人其学的梗概。

一

庄子出身于没落的贵族家庭,是楚庄王的后裔。庄氏家族在楚悼王或肃王时成为疏远贵族,离楚流亡,逃到了远方的宋国蒙地。至蒙地十几年之后,庄子出生。天资聪颖的庄子,从小便受到较好的家庭教育和熏陶。但长期动荡、忧患的生存环境和物质生活的匮乏,使其幼小的心灵承受了过多过重的压力。这是他成为一个反传统、重内在精神修养的思想家的最为根本的原因。

庄子家境贫寒,贫困一直伴随其终生。漆园吏是庄子一生唯一做过的公职,这个公职,他做了多久,我们不得而知。他在宋康王篡位后辞去漆园吏,安贫乐道,滑稽放言,寓言讽世,痛诋时弊。

庄子由漆园吏辞职后,"困窘织屦",主要靠编织草鞋糊口,勉强维持生计。他每天都到河边去采些葛草,整理后拿回家中编织,再把编好的草鞋拿到市场上卖。庄子还常与小贩们一起,向来来往往的人们兜卖自己的货物,丝毫也不觉得窘迫,反而感到怡然自得。

虽然庄子一生不与权贵结交,鄙视名禄,但他并非没有出人头地、享受荣华富贵的机会。战国时代,诸侯为了富国强兵、壮大势力,都在四处招揽人才,这就为知识分子进入官场、飞黄腾达提供了大好机遇。楚威王曾想聘请他为相,但遭其拒绝。

庄子可以说是心甘情愿地选择了乡间的贫困生活。在他看来，自己以生活的贫穷为代价换来了精神上的自由是非常值得的。离漆园不远有座南华山，庄子辞官后，就退隐南华山（在今山东东明境内），深居简出，除了教授弟子，就是著书自娱，过着真正的悠然自在的隐居生活，至死不改其志。

庄子是一个典型的隐者，清静无为，逍遥寡欲。在中国的隐者群中，他独树一帜，最具代表性。他把中国隐者文化推至巅峰，也是唯一一个把隐者做得最唯美、最彻底的人。

二

庄子的思想和主张主要集中在《庄子》一书中。《庄子》是庄子及其弟子的共同作品，是道家学派的经典之作。我们现在看到的《庄子》，都源于晋代郭象的注本，共33篇，其中“内篇”7篇，包括《逍遥游》《齐物论》《养生主》《人间世》《德充符》《大宗师》《应帝王》；“外篇”15篇，包括《骈姆》《马蹄》《胠箧》《在宥》《天地》《天道》《天运》《刻意》《缮性》《秋水》《至乐》《达生》《山木》《田子方》《知北游》；“杂篇”11篇，包括《徐无鬼》《渔父》《寓言》《则阳》《让王》《说剑》《外物》《列御寇》《庚桑楚》《盗跖》《天下》。

《庄子》一书思想博大精深，深奥玄妙。它紧紧围绕着“道”“无为”“逍遥”“齐物”等思想范畴，阐述了庄子的宇宙观、修养观、人生观、政治观、美丑观等方面的独到见

解，涉及人性自然、无用之用、无为之为、逍遥之游、齐物之论等议题。其中，“道”是庄子哲学中最重要、最基本的概念。庄子认为，“道”是世界的本原，是天地万物的本根。要实现精神上的绝对自由，必须“得道”，方可摆脱喜、怒、哀、乐等各种情绪的干扰，舍弃日常世界，以求得精神的解脱与超越。全生保身是道家学说的中心问题，庄子认为，人既不能表现得有用，又不能完全无用，要“处乎材与不材之间”；更重要的是，人要追求精神自由，即逍遥无为，这是全生保身的最好形式或最高境界。庄子向往远古的至德之世，在政治上主张不干涉主义，实行无为而治。庄子对现实的批判、对理想人格的追求、对生命的尊重、对精神境界的向往等对中国传统社会产生了深远影响。

本书系从陈鼓应注译的《庄子今注今译》（商务印书馆 2007 年版）原文摘选，依其内容特点，归纳类别，分为八篇：修养篇、养生篇、处世篇、为政篇、道论篇、逍遥篇、美丑篇。内容多为富有哲理、极具启示意义之语段。注释力求简洁明了，难字、生字均加注拼音。翻译以直译为主，兼求达雅。编者通过摘选语录以及进行相应的简注和翻译，以期为读者了解庄子的思想精华提供入门的途径。

刘厚琴

2015 年 9 月

目录

修养篇

概述

人性素朴论是庄子德行修养观的基石。修德乃至于达道是庄子德行修养观的目标，其修养观重视修心。庄子认为心性修养可分三个步骤，即由“外物”到“心斋”，再到“坐忘”，进入到一种“撄宁”状态。为了修心，庄子希望人们摆脱物欲，忘记功利、名誉和是非，忘记道德意识与价值，最终忘掉自己。这种主观求安的修养方法，塑造了其超迈、高洁的个性。庄子的这些修养之法简单易行，可以为今人自我修养的提高提供方法的借鉴。在修养的基础上，庄子提出了八种理想人格：至人、圣人、神人、真人、德人、天人、大人、全人。八者名殊实一。其中，表述最完整的是任情率性、不加伪饰的“真人”——其超凡脱俗，“无名”“无功”“无己”，是庄子构想的理想人格。庄子构想的理想人格凸显了无所羁绊的意志自由，引发人们对个体尊严和个人意志自由的向往和追求。然而，由于其理想人格太崇高，没有实现的现实土壤，故常人难以企及。

夫至德之世，同与禽兽居，族①与万物并，恶乎知君子小人②哉！同乎无知，其德不离③；同乎无欲，是谓素朴④。素朴而民性得矣。

（《庄子·外篇·马蹄》）

注释

①族：聚合。

②君子小人：履道方正的人与殉物邪僻的人。

③离：背离、丧失。

④素朴：原意为朴实、质朴无华，此处喻指本色。素，未染色的生绢。朴，未加工的木料。

译文

在人类天性保留最完善的年代，人类跟飞禽走兽共同居住，跟各种物类相互依存，哪里知道什么君子、小人呢！人人都拙笨而无智慧，人类的本能和天性也就不会丧失；人人都蒙昧而无私欲，这就是纯真朴实。能够像生绢和原木那样保持其自然的本色，人类的本能和天性就会完整地流传下来。

若一志[①]，无听之以耳而听之以心，无听之以心而听之以气[②]！听止于耳[③]，心止于符[④]。气也者，虚而待物者也。唯道集虚[⑤]。虚者，心斋也。

（《庄子·内篇·人间世》）

注释

①一志：指凝寂虚忘，摒除杂念，心思高度专一。一，专一。

②气：原指构成宇宙万物的本原，为中国古代哲学中极为重要的概念。此处指虚以待物的心境。

③听止于耳：当是"耳止于听"之误倒。

④符：合。

⑤虚：指纯净、空明的境界。

译文

你必须摒除杂念，心思专一，不用耳去听而用心去领悟，不用心去领悟而用凝寂虚无的心境去感应！耳的功用仅在于聆听，心的功用仅在于跟外界事物交合。只有凝寂虚无的心境，才能虚怀若谷而容纳宇宙万物，只有大道才能汇集于凝寂虚无的心境。虚无空明的心境就叫作"心斋"。

故德有所长而形有所忘,人不忘其所忘而忘其所不忘,此谓诚[1]忘。

(《庄子·内篇·德充符》)

注释

①诚:真实。

译文

一个人在德行方面若有超出常人的地方,会让别人忘记其在形体方面的缺陷;人们没有忘记所应当忘记的东西,而忘记了所不应当忘记的东西,这就叫作真正的遗忘。

堕肢体,黜[1]聪明,离形去[2]知,同于大通,此谓坐忘。

(《庄子·内篇·大宗师》)

注释

①黜:退除。

②去:抛弃。

译文

忘却了强健的肢体,退除了灵敏的听觉和清晰的视

力，摆脱身躯和智慧的束缚，从而与大道浑然相通为一体，这就叫静坐心空、物我两忘的“坐忘”。

撄[①]宁也者，撄而后成者也。

（《庄子·内篇·大宗师》）

〈注释〉

①撄（yīng）：扰乱。

〈译文〉

不受外界事物的纷扰，而后保持心境的宁静。

心养[①]。汝徒[②]处无为，而物自化。堕尔形体，吐[③]尔聪明，伦[④]与物忘；大同乎涬溟[⑤]，解心释神，莫然无魂。

（《庄子·外篇·在宥》）

〈注释〉

①心养：即养心，指摒弃杂念，清心寂神。

②徒：只。

③吐：当为“咄”字之讹，“咄”与“黜”同，废弃之意。

④伦：伦理。一说“伦”通“沦”，指沉没。

⑤涬(xìng)溟:浑浑茫茫的自然之气。

〈译文〉

修身养性。你只需顺从无为之境,万物就会自生自化。忘却你的形体,废弃你的听觉和视力,遗忘伦理和万物,混同于茫茫的自然之气,解除思虑,释放心神,就像没有灵魂般淡然。

虽以天下誉之,得其所谓,謷[①]然不顾;以天下非之,失其所谓,傥然[②]不受。天下之非誉,无益损焉,是谓全德之人哉!

(《庄子·外篇·天地》)

〈注释〉

①謷(áo):通“傲”,孤高。

②傥(tǎng)然:无动于衷的样子。

〈译文〉

即使让天下人都称誉他,称誉的言辞都合乎他的德行,他也孤高而不顾;即使让天下人都非议他,非议使其声名狼藉,他也无动于衷。天下人的非议和赞誉,对于他既无损害又无增益,这便是德行完备的人啊!

君子不可以不刳心[①]焉。无为为之[②]之谓天，无为言之[③]之谓德，爱人利物[④]之谓仁，不同同之[⑤]之谓大，行不崖异[⑥]之谓宽，有万不同[⑦]之谓富。故执德[⑧]之谓纪，德成之谓立[⑨]，循于道之谓备，不以物挫志之谓完。

（《庄子·外篇·天地》）

注释

①刳(kū)心：指掏空心胸，排除一切有为的杂念。刳，剖开并挖空。

②无为为之：用无为的态度去做。

③无为言之：用无为的态度去谈论。

④爱人利物：给人们带来慈爱，给万物带来利益。

⑤不同同之：使不同的万物回归到同一的本性。

⑥崖异：特别、突兀，与众不同。崖，伟岸、兀傲。异，奇异。

⑦有万不同：容纳万种差异。

⑧执德：持守人的自然禀赋。

⑨立：指立身社会，建功济物。

译文

君子应敞开心胸，排除一切有为的杂念。用无为的态度去做事就是自然，用无为的方式去表达就是顺应，给人以爱或给物以利就是仁爱，让不同的事物回归同一的本性就是伟大，

行为不与众人不同就是宽容,容纳各种差异就是富有。因此,持守自然赋予的禀性就是纲纪,成就德行就是立身,遵循于道就是修养完备,不因外物干扰心志就是完美无缺。

纯素[①]之道,唯神是守;守而勿失,与神为一;一之精通,合于天伦[②]。

(《庄子 · 外篇 · 刻意》)

注释

①纯素:与"纯粹"义近,但更强调素质、本性之纯一不杂。

②天伦:自然之理。

译文

纯粹质朴之道,只有精神专一才能持守;持守而不遗失,才能与精神合为一体;精通这合一之道,就能够合乎自然之理。

古之治道者,以恬养知[①];知生而无以知为[②]也,谓之以知养恬。知与恬交相养,而和理[③]出其性。

(《庄子 · 外篇 · 缮性》)

〈注释〉

①以恬养知：以恬淡涵养睿智。恬，恬静淡漠。知，通“智”，睿智、聪慧。

②无以知为：不以智谋治事，而持守恬静质朴之性。

③和理：“和”为恬静淡漠之性，“理”为自然之理，二者皆出于本性。

〈译文〉

古时候研究道术的人，总是以恬静来涵养睿智；睿智生成却不滥用智巧行事，可称之为以睿智反哺恬静。睿智和恬静交相调治，因而和顺之理从本性中表露而出。

忘足，履[1]之适也；忘要[2]，带之适也；忘是非，心之适也；不内变[3]，不外从[4]，事会[5]之适也；始乎适[6]而未尝不适者，忘适之适也。

（《庄子·外篇·达生》）

〈注释〉

①履：鞋子。

②要：通“腰”。

③不内变：持守本性，虚静淡漠。

④不外从：不随外物变迁。

⑤事会:与外界事物交接。

⑥始乎适:庄子认为,本性与外物是相适应的,若是心存适应观念,就是把己与物分开,不是真正的相适应;只有忘记适应,消除物我界线,才是真正的无所不适。

译文

忘记脚的存在,鞋子就会合适;忘记腰的粗细,带子就会合适;忘记是非,便是内心的安适;不改变内心的持守,不顺从外物的影响,便是遇事的安适。本性常适而从未有过不适,也就是忘掉了安适的安适。

形若槁骸[①],心若死灰[②],真其实知,不以故自持[③]。媒媒晦晦[④],无心而不可与谋。

(《庄子·外篇·知北游》)

注释

①槁骸:枯骨。

②心若死灰:形容心枯寂不动,没有生机。

③不以故自持:不固守己见,与变化同步。

④媒媒晦晦:懵懂无知的样子。媒,通“昧”,昏暗、不明。

译文

身形犹如枯骨,内心犹如死灰,真正纯实之知,不固持

自己的成见，浑浑噩噩，昏昏暗暗，没有心计而不能和他计议谋划。

彻志之勃①，解心之谬②，去德之累③，达道之塞④。贵富显严⑤名利六者，勃志也。容动色理⑥气意六者，缪心也。恶欲喜怒哀乐六者，累德也。

(《庄子·杂篇·庚桑楚》)

注释

①勃：通“悖”，乱。

②谬：通“缪”。“谬”与上句的“勃”为对文。

③累：累赘。

④塞：不通，堵塞。

⑤显严：尊显、威严。

⑥理：辞理。

译文

解除意志的干扰，解脱心灵的束缚，摒弃道德的牵累，打通大道的阻碍。高贵、富有、尊显、威严、声名、利禄，全是扰乱意志的因素。容貌、举止、美色、辞理、气调、情意，全是束缚心灵的因素。憎恶、欲念、欣喜、愤怒、悲哀、欢乐，全是牵累德性的因素。

知足者，不以利自累也；审自得者[①]，失之而不惧；行修于内者[②]，无位而不怍[③]。

（《庄子·杂篇·让王》）

注释

①审自得者：审视自己而清楚得失的人。

②行修于内者：注重进行内心修养的人。

③怍(zuò)：惭愧。

译文

知道满足的人，不会因利禄而使自己受到牵累；真正安闲自得的人，明知有所失也不会畏惧；注重内心修养的人，没有官位也不会感到惭愧。

势为天子，未必贵也；穷为匹夫，未必贱也；贵贱之分，在行之美恶。

（《庄子·杂篇·盗跖》）

译文

势大如天子，未必就尊贵；穷困如普通百姓，未必就卑贱；尊贵与卑贱的区别，在于德行的美丑。

谨修而身，慎守其真，还以物与人，则无所累矣。今不修身而求之人，不亦外乎！

（《庄子·杂篇·渔父》）

译文

认真修养你的身心，谨慎地持守你自然纯朴的真性，把身外之物让与他人，那么也就没有什么牵累了。如今你不修养自身，反而要求他人，这岂不是本末颠倒！

贼[①]莫大乎德有心[②]，而心有睫[③]，及其有睫也而内视[④]，内视而败矣。凶德有五[⑤]，中德[⑥]为首。

（《庄子·杂篇·列御寇》）

注释

①贼：邪恶、不正派、祸害。

②有心：私心。

③心有睫：谓以心为睫，此处指心开如眼目，即有心眼、有心计。

④内视:主观意识。

⑤凶德有五:指招致凶祸的官能有耳、眼、鼻、舌、心五种。凶,祸害。

⑥中德:指心。

译文

最大的祸害莫过于有意培养德行而有私心,人一旦有了心眼,就会以意度事,主观臆断,而主观臆断必定导致失败。招致凶祸的官能有心、耳、眼、舌、鼻五种,内心的谋虑则是祸害之首。

是故大人[①]之行,不出乎害人,不多[②]仁恩;动不为利,不贱门隶[③];货财弗争,不多辞让;事焉不借人[④],不多食乎力[⑤],不贱贪污;行殊乎俗,不多辟异[⑥];为在从众,不贱佞谄[⑦];世之爵禄不足以为劝,戮耻[⑧]不足以为辱;知是非之不可为分,细大之不可为倪。

(《庄子·外篇·秋水》)

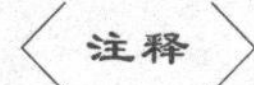

注释

①大人:指得道之人。

②多:夸耀。

③门隶:家奴。

④借人:借助别人之力。

⑤食乎力:自食其力。

⑥辟异:怪僻奇异的行为。辟,通“僻”,偏。

⑦佞谄(nìng chǎn):用花言巧语奉承谄媚。

⑧戮耻:刑戮与耻辱。

〈译文〉

所以修养高尚者的行为,不会伤害他人,也不会夸耀仁义恩惠;举动不为谋利,也不会轻视从事守门差役之类的人;不会争夺财利,也不推崇辞让;做事不依赖他人,不称赞自食其力者,也不鄙夷贪婪与污秽之人;他们的行为与世俗之人不同,但不主张邪僻乖异;表现同一般人一样,也不指责奉承和谄媚之人;世间的高官厚禄不足以作为追求,刑戮和侮辱不足以看作是羞耻;他们知道是与非的界限不能清楚地划分,也懂得细小和巨大不可能有清晰的界限。

至人①无己,神人②无功,圣人③无名④。

(《庄子·内篇·逍遥游》)

〈注释〉

①至人:道德修养高尚的人。

②神人:精神世界完全能超脱于物外的人。

③圣人:思想修养臻于完美的人。

④无名:不追求名誉地位。

译文

至人能够达到忘我的境界,神人心中没有功名和利禄,圣人不追求名誉和地位。

古之至人,先存[1]诸己而后存诸人。

(《庄子·内篇·人间世》)

注释

①存:存立,此处指道德修养的建立。

译文

古时候道德修养高尚的人,总是先使自己日臻成熟,方才去扶助他人。

至人之用心若镜,不将不迎[1],应而不藏,故能胜物[2]而不伤。

(《庄子·内篇·应帝王》)

〈注释〉

①不将不迎:指照物之影听之任之,来的即照,去的不留。将,送。

②胜物:足以把握事物。

〈译文〉

道德修养高尚的人,心思就像一面镜子,任由外物来去而不迎不送,如实地反映事物本身而从不有所隐藏,所以足以把握事物而又不因此损心劳神。

夫至人者,上窥青天,下潜黄泉①,挥斥八极②,神气不变。

(《庄子·外篇·田子方》)

〈注释〉

①下潜黄泉:下能潜入黄泉。潜,探测之意。黄泉,地下之泉水,比喻地底极深暗处。

②挥斥八极:奔放自如于八方。挥斥,纵放自如。八极,八方。

〈译文〉

一个道德高尚的人,上能窥测青天,下能潜入黄泉,精

神自由奔放而达于宇宙八方，神情始终不会改变。

通乎道，合乎德，退[1]仁义，宾[2]礼乐，至人之心有所定矣。

（《庄子 · 外篇 · 天道》）

〈注释〉

①退：黜退。

②宾：通“摈”，抛弃。

〈译文〉

通晓于道，合乎常规，辞却仁义，摈弃礼乐，至人的内心也就恬淡而不乖违。

夫至人者，相与交食乎地，而交[1]乐乎天，不以人物利害相撄[2]，不相与为怪，不相与为谋，不相与为事，翛然[3]而往，侗然[4]而来。

（《庄子 · 杂篇 · 庚桑楚》）

〈注释〉

①交：通“邀”，顺、循。

②撄(yīng):伤害、扰乱。

③翛(xiāo)然:无拘无束的样子。

④侗(tōng)然:通达无挂碍的样子。

〈译文〉

道德高尚的人,求食于地,与天同乐,不因人事利害而扰乱自己,不相互嗔怪,不相互图谋,不参与尘俗的事务,既能自由自在地去,又能无所挂碍地来。

古之真人不逆寡,不雄成[①],不谟士[②]。若然者,过而弗悔,当[③]而不自得也。

(《庄子·内篇·大宗师》)

〈注释〉

①雄成:自恃成功,即凭借自己取得的成绩而傲视他人、凌驾于他人之上。

②谟士:采用不正当手段谋取士人的信赖。谟,图谋、算计。

③当:恰巧、正好。

〈译文〉

古时候的真人,不倚众凌寡,不居功自傲,也不图谋算计别人。像这样的人,错过了时机不后悔,赶上了机遇不得意。

古之真人，不知说生，不知恶死；其出[①]不䜣[②]，其入不距[③]；翛然而往，翛然而来而已矣。

（《庄子·内篇·大宗师》）

注释

①出：指出生于世，与下句“入”相对。以下的“往”与“来”也指人的死与生。

②䜣：“欣”的异体字，高兴之意。

③距：通“拒”，拒绝、回避。

译文

古时候的真人，不懂得乐于生存，也不懂得厌恶死亡；出生不欣喜，死去不抗拒；只是无拘无束地去，自由自在地来罢了。

天与人不相胜也，是之谓真人。

（《庄子·内篇·大宗师》）

译文

自然与人不可能相互对立而相互超越，具有这种认识的人就叫作“真人”。

古之真人，以天待人，不以人入天。

（《庄子·杂篇·徐无鬼》）

〈译文〉

古时候的真人，以顺任自然的态度来对待人事，而不以人事来干扰自然。

执道者德全，德全者形全，形全者神全。神全者，圣人之道也。

（《庄子·外篇·天地》）

〈译文〉

持守道的人德行才完备，德行完备的人身形才完整，身形完整的人精神才健全。精神健全方才是圣人之道。

夫圣人，鹑居①而鷇食②，鸟行而无彰③；天下有道，则与物皆昌；天下无道，则修德就闲。

（《庄子·外篇·天地》）

〈注释〉

①鹑(chún)居:指像鹌鹑那样没有固定的居所。鹑,即鹌鹑,一种无固定居巢的小鸟。

②鷇(kòu)食:原意为像初生待哺的小鸟那样无心觅求食物,这里喻指圣人随物而安。鷇,初生待哺的小鸟。

③无彰:不留踪迹。

〈译文〉

圣人像鹌鹑一样随遇而安、居无常所,像待哺的雏鸟一样无需觅食,像鸟儿在空中飞行一样不留一点踪迹;天下太平,就跟万物一同昌盛;天下纷乱,就修身养性趋就闲暇。

圣人之静也,非曰静也善,故静也;万物无足以铙[1]心者,故静也。

(《庄子·外篇·天道》)

〈注释〉

①铙:通“挠”,搅乱。

〈译文〉

圣人内心宁静,不是说宁静美好,才去追求宁静;万事万物都不能动摇和扰乱他的内心,因而心神才虚空宁静。

圣人安其所安[①]，不安其所不安[②]；众人[③]安其所不安，不安其所安。

（《庄子·杂篇·列御寇》）

〈注释〉

①安其所安：安于自然无为。

②不安其所不安：不安于人为。

③众人：一般人，普通人。

〈译文〉

圣人安于自然，却不适应人为的摆布；普通人习惯于人为的摆布，却不安于自然。

欲静者平气，欲神则顺心，有为也欲当[①]，则缘于不得已[②]，不得已之类，圣人之道。

（《庄子·杂篇·庚桑楚》）

〈注释〉

①当：允当，合乎天道。

②不得已：无心之应，此处指顺应自然而不由自主。

〈译文〉

想要宁静就得平和气息，想要全神贯注就得顺应心志，即使有所作为也要合乎天道，要顺应自然而不由自主。顺应自然而不由自主的做法，就是圣人之道。

圣人和之以是非①而休乎天钧②，是之谓两行③。

（《庄子·内篇·齐物论》）

〈注释〉

①和之以是非：即“以是非和之”，把是和非混同起来。和，调和、混用。

②休乎天钧：悠游地生活在均衡的境界里。休，指悠游自得。天钧，指自然又均衡。钧，通“均”。

③两行：物与我，即自然界与自我的精神世界都能各得其所、各行其是。

〈译文〉

古代圣人把是与非混同起来，悠游自得地生活在自然而又均衡的境界里，使物与我各得其所，这就是“两行”使。

以天为宗，以德为本，以道为门，兆于变化，谓之圣人。

（《庄子·杂篇·天下》）

〈译文〉

把自然视为本原，把禀赋视为根本，把规律视为途径，从而预知事物的各种变化，这样的人可称为“圣人”。

圣人怀[1]之，众人辩之以相示[2]也。故曰辩也者，有不见也。

（《庄子·内篇·齐物论》）

〈注释〉

①怀：囊括于胸，指不去分辨物我和是非，把物与我、是与非都容藏于身。

②示：显示，此含有夸耀于外之意。

〈译文〉

圣人把事物都囊括于胸、容藏于身，而一般人则争辩不休、夸耀于外。所以说，大凡争辩，总因为有自己所看不见的一面。

古之至人，假[1]道于仁，托宿[2]于义，以游逍遥之墟[3]，食于苟简之田[4]，立于不贷[5]之圃。逍遥，无为也；苟简，易养也；不贷，无出也。古者谓是采真之游[6]。

（《庄子·外篇·天运》）

注释

①假：借。

②托宿：寄宿、暂住。

③逍遥之墟：摆脱一切限制，无待无己、绝对自由自在的无限虚空。这是庄子幻想的最高境界。

④苟简之田：简单地加以耕种，即可获取收成之田。

⑤不贷：指不借物于人，只求自给自足。

⑥采真之游：真情实意、不为形迹所役使的遨游。

译文

古代道德修养高的至人，借道于仁，托足于义，而悠游于自由自在、无拘无束的境域，生活于自然简单、春耕秋收的田野，立身于自给自足的园圃。自由自在、无拘无束，便是无为；自然简单、无奢无华，就易于生存；从不施与，就不会使自己受损。古代称这种情况是真情实意、不为形迹所役使的遨游。

养生篇

概述

庄子认为，养生贵在养神。其所谓“养生”不同于一般意义上的保养形体，有着特定的内涵，包含两个层面：一是养形，二是养神。养形可以保身，而养神可以全德。庄子认为，要做到养生，必须顺其自然，彻底摒除争名逐利等有害行为，顺应时事，回归自然本真。庄子借“庖丁解牛”的故事说明，人们欲想不受世俗的物累，获得精神安逸，享尽天年，就应该学习庖丁解牛的方法，处理事情按事物固有的规律，“依乎天理”；对待复杂的社会矛盾应小心谨慎，像刀游于骨节空隙一样，方能不为外物所伤。在庄子看来，人若一味地沉湎于甘食美居、追求物质欲望，必然会伤害身体，也有损精气；终日思虑重重，患得患失，也不能达到恬淡闲适、虚无忘物的境界。心神不宁容易生病，精神愉悦才适宜于养生。庄子的养生思想不仅为古人的身心保养提供了借鉴，也对现代人的健身养生具有指导意义。

道与之貌,天与之形,无以好恶内伤其身。

(《庄子·内篇·德充符》)

〈译文〉

道赋予人容貌,天赋予人形体,不要因外在的好恶而伤害了自己的本性。

小人[①]则以身殉利,士则以身殉名,大夫则以身殉家,圣人则以身殉天下。故此数子[②]者,事业[③]不同,名声异号,其于伤性以身为殉,一也。

(《庄子·外篇·骈拇》)

〈注释〉

①小人:此处指人格卑鄙或见识短浅的人。

②数子:上述四种人。

③事业:从事的工作。

译文

小人为了蝇头小利而搏命，士人为了名誉而奔波，大夫为了家族而付出，圣人则为了天下而牺牲。所以这四种人，虽然所从事的事业不同，名声也不相同，但他们牺牲生命以损害自己的本性的做法，却是一样的。

无视无听，抱神①以静，形将自正。必静必清，无劳汝形，无摇汝精，乃可以长生。目无所见，耳无所闻，心无所知，汝神将守形，形乃长生。

（《庄子·外篇·在宥》）

注释

①抱神：持守精神。

译文

视听不外用，持守精神，保持宁静，形体自然顺应正道。一定要保持宁寂和清静，不要使形体疲累、劳苦，不要使精神动荡恍惚，这样才可以长生。眼睛不要被外物所眩惑，耳朵不要被外物所骚扰，内心不要多计虑，这样你的精神定能持守你的形体，形体也就能长生。

且夫乘物[①]以游心，托不得已以养中[②]，至矣。

（《庄子·内篇·人间世》）

〈注释〉

①乘物：顺应客观事物。

②中：中气，此处指神智。

〈译文〉

顺应自然而使心志自在遨游，一切都寄于无可奈何，以蓄养神智，这就是养神的最佳办法。

鸟兽不厌高[①]，鱼鳖不厌深。夫全其形生[②]之人，藏其身也，不厌深眇[③]而已矣。

（《庄子·杂篇·庚桑楚》）

〈注释〉

①鸟兽不厌高：鸟兽不厌烦山高。

②生：性。

③眇(miǎo)：通“渺”，高远。

译文

鸟兽不厌山高，鱼鳖不厌水深。保全身形本性的人，隐匿自己的身形，不厌深幽高远罢了。

吾游于雕陵[①]而忘吾身，异鹊感吾颡[②]，游于栗林而忘真；栗林虞人以吾为戮[③]，吾所以不庭[④]也。

(《庄子·外篇·山木》)

注释

①雕陵：栗园名也。

②颡(sǎng)：额头。

③戮：辱。

④庭：通"逞"，快意。

译文

我游雕陵时忘却了自身的安危，一只奇怪的鹊碰到了我的额头；我在栗树林游玩时又丧失了自身的真性，管园的人辱责我，我因此感到不快。

钱财不积则贪者忧，权势不尤则夸

者[①]悲。势物[②]之徒乐变，遭时有所用[③]，不能无为也。此皆顺比[④]于岁，不易于物者也。驰其形性[⑤]，潜之[⑥]万物，终身不反，悲夫！

(《庄子·杂篇·徐无鬼》)

注释

①夸者：权势欲强的人。

②势物：权力。

③遭时有所用：不埋没长处。

④顺比：投合。比，从。

⑤形性：身心。

⑥潜之：沉没于。

译文

若钱财不积，贪婪的人总是忧愁不乐；若权力不大，私欲强盛的人便会悲伤哀叹。依仗权势掠取财物的人热衷于变故，一遇时机就会有所举动，做不到清静无为。这样的人都是逐时俯仰，不能够摆脱外物的牵累，使其身心过分奔波驰骛，沉溺于外物，一辈子也不会醒悟，实在是可悲啊！

戒之，慎之，正汝身也哉！形莫若就①，心莫若和②。虽然，之③二者有患。就不欲入④，和不欲出。形就而入，且为颠为灭，为崩为蹶；心和而出，且为声为名，为妖为孽⑤。彼且为婴儿，亦与之为婴儿；彼且为无町畦⑥，亦与之为无町畦；彼且为无崖⑦，亦与之为无崖。达⑧之入于无疵⑨。

（《庄子·内篇·人间世》）

注释

①就：靠拢，迁就。

②和：顺，顺其本性之意。

③之：此。

④入：陷入，此处指关系太深。

⑤为孽（niè）：招致灾害。

⑥町畦（tīng qí）：田间的界路，喻指分界、界限。

⑦无崖：指无边，没有约束。

⑧达：通达，指通过疏导与他人思想相通，逐步使其走上正途。

⑨疵：毛病，此处指行动上的过失。

译文

要警惕，要谨慎，首先要端正自己！与人交往时，表面上不妨亲近顺从，但内心要顺从自己的本性和风格。即使这样，这两种态度仍有隐患。亲附一个人不要过从甚密，疏导一个人不要心意太显露。外表亲附到关系过密，会招致颠败毁灭、崩溃失败。内心顺性疏导过于显露，会被认为是沽名钓誉，而招致祸害。他如果像个天真的孩子一样，你也姑且跟他一样像个无知的孩子；他如果跟你不分界限，那你也就跟他不分界限。他如果跟你无拘无束，那么你也姑且跟他一样无拘无束。慢慢地将他的思想疏通引入正轨，便可进一步达到没有过错的地步。

庖丁释①刀对曰："臣之所好者道②也，进乎③技矣。始臣之解牛之时，所见无非全牛者。三年之后，未尝见全牛也。方今之时，臣以神④遇而不以目视，官知⑤止而神欲行。依乎天理⑥，批⑦大郤，导大窾⑧，因其固然⑨。技经⑩肯綮⑪之未尝微碍，而况大軱⑫乎！良庖岁更刀，割也；族庖⑬月更刀，折⑭也；今臣之刀十九年矣，所解数

千牛矣，而刀刃若新发于硎⑮。彼节者有间，而刀刃者无厚。以无厚入有间，恢恢乎其于游刃⑯必有余地矣。是以十九年而刀刃若新发于硎。虽然，每至于族⑰，吾见其难为，怵然为戒，视为止，行为迟，动刀甚微，謋⑱然已解，牛不知其死也如土委地。提刀而立，为之四顾，为之踌躇满志，善⑲刀而藏之。”

文惠君曰：“善哉！吾闻庖丁之言，得养生⑳焉。”

（《庄子·内篇·养生主》）

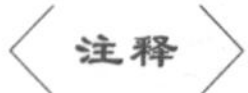

注释

①释：放下。

②道：事物的规律。

③进乎：超过、胜于。

④神：精神，心思。

⑤官知：眼睛的视觉。

⑥天理：自然的纹理，此处指牛体的自然结构。

⑦批：击。

⑧窾（kuǎn）：空，此处指牛体骨节间较大的空处。

⑨固然：本然，原本的样子。

⑩技(zhī)经:指经络结聚的地方。技,通“枝”,支脉。经,经脉。

⑪肯綮(qǐ):骨肉紧密连接的地方。肯,附在骨上的肉。綮,骨肉连接很紧的地方。

⑫軱(gū):大骨。

⑬族庖:指一般的厨师。族,众。

⑭折:断,此处指用刀砍断骨头。

⑮硎(xíng):磨刀石。

⑯游刃:运转的刀刃。

⑰族:骨节、筋腱聚结交错的部位。

⑱謋(huò):牛体分解的声音。

⑲善:摆弄、擦拭。

⑳养生:意为养生之道。

译文

庖丁放下刀回答说:“臣下喜好摸索事物的规律,已经超过了对于宰牛技术的追求了。我刚开始宰牛时,所看见的无非是整头牛。几年后,就不曾再看到整头牛了。现在,我只需用心神去接触而不必用眼睛去观察,眼睛的官能似乎停止了而全凭精神意愿在活动一样。依照牛体自然的生理结构,劈开肌肉骨骼间大的缝隙,沿着骨节间大的空处使刀,顺着的都是牛体本来的结构;从来不曾碰撞过经络结聚的部位和骨肉紧密连接的地方,何况那些大骨头呢?优秀的厨师一年更换一把刀,因为他们用刀割肉;普通的厨师一个月更换一把刀,因为他们用刀砍骨头。如今我使用这把

刀已经十九年了，所宰杀的牛有上千头了，而刀刃锋利得就像刚从磨刀石上磨过一样。牛的骨节乃至各个组合部位之间是有空隙的，而刀刃几乎没有什么厚度，用薄薄的刀刃穿入有空隙的骨节，对于刀刃的运转和回旋来说那是多么宽绰而有余地呀。所以我的刀使用了十九年，刀刃仍像刚从磨刀石上磨过一样。虽然这样，每当碰上筋腱、骨节交错的地方，我见难于下刀，也就格外谨慎而不敢大意，目光专注，动作迟缓，刀微微一动，牛体就霍霍地全部分解开来，像是一堆泥土堆放在地上。我提着刀站在那儿，为此而环顾四周，为此而踌躇满志，这才擦拭好刀收藏起来。”

文惠君说：“妙啊，我听了庖丁这一番话，学到了养生之道。”

死生、存亡、穷达①、贫富、贤与不肖、毁誉、饥渴、寒暑，是事之变，命之行②也；日夜相代③乎前，而知不能规④乎其始者也。故不足以滑⑤和，不可入于灵府⑥。使之和豫⑦，通而不失于兑⑧，使日夜无郤⑨，而与物为春，是接而生时⑩于心者也。是之谓才全。

（《庄子·内篇·德充符》）

注释

①穷达:困窘与顺利。穷,困窘、走投无路。达,通畅、顺利。

②命之行:天命的运行,此处指自然的运行。

③相代:相互更替。

④规:窥。

⑤滑(gǔ):通“汩”,乱。

⑥灵府:心灵。

⑦和豫:和顺安适。豫,安乐。

⑧兑(yuè):通“悦”,欢乐。

⑨郤(xì):间隙、空隙。

⑩时:顺时,顺应四时而作。

译文

死与生、存与亡、困窘与顺利、贫与富、贤能与不肖、诋毁与称誉、饥与渴、寒与暑,这些都是事物的变化,是自然规律的运行;日夜更替,而人的智慧却无法看清它们的起始。因此,它们都不足以搅乱本性的和谐,也不足以侵扰人们的心灵。要使心灵平和安适,通达万物而不失愉悦;要使日夜更替不出现间断,而与万物融合在春天般的生气里,这样才会在接触外物时心生顺应四时的感情。这就叫作才性完备。

闉跂[①]支离[②]无脤说[③]卫灵公,灵公说[④]

之，而视全人，其脰肩肩[⑤]。瓮盎大瘿[⑥]说齐桓公，桓公说之；而视全人，其脰肩肩。

（《庄子·内篇·德充符》）

注释

①闉跂（yīn qí）：指腿脚屈曲，常踮起脚尖走路。闉，屈曲。跂，通“企”，意为踮起脚后跟看。

②支离：伛偻病残的样子。

③脤说（chún shuì）：凭嘴游说。脤，唇。说，游说。

④说（yuè）：通“悦”，喜欢。

⑤脰（dòu）肩肩：颈项细细。脰，颈项。肩肩，细小的样子。

⑥瓮盎大瘿（yǐng）：瘤子大如瓮盎。瓮盎，腹大口小的陶制盛器。瘿，瘤。

译文

一个跛脚、伛背、缺唇的人游说卫灵公，卫灵公十分喜欢他；再看看那些形体完好的人，反而觉得他们的脖颈实在是太细长了。一个颈瘤大如瓮盎的人游说齐桓公，齐桓公十分喜欢他；再看看那些形体完好的人，他们的脖颈实在是过于细小了。

且夫得[①]者，时[②]也；失者，顺[③]也。安时而处顺，哀乐不能入也。此古之所谓县

解[4]也，而不能自解者，物有结之。

（《庄子 · 内篇 · 大宗师》）

注释

①得：指得到生命，与下句的“失”相对应。“得”“失”即生、死。

②时：适时。

③顺：指顺应规律。

④县（xuán）解：即解脱倒悬。县，悬挂。庄子认为，人不能超脱物外，就像倒悬的人一样苦不堪言。而超脱于物外则像解脱了束缚，七情六欲也就不再成为负担。

译文

生命的获得，是因为适时；而生命的丧失，是因为顺应。安于适时而处之顺应，悲哀和欢乐就都不会侵入心房。这就是古人所说的解脱了倒悬之苦，却不能自我解脱，是因为受到了外物的束缚。

吾所谓无情者，言人之不以好恶内伤其身，常因自然而不益生也。

（《庄子 · 内篇 · 德充符》）

译文

我所说的无情，是说人不因好恶而伤害自身的本性，

常常顺任自然而不随意增添什么。

悲乐者，德之邪也；喜怒者，道之过[①]；好恶者，心之失。故心不忧乐，德之至也；一而不变[②]，静之至也；无所于忤[③]，虚之至也；不与物交[④]，淡之至也；无所于逆，粹之至也。

（《庄子·外篇·刻意》）

注释

①道之过：若不能顺天道而行，忘却喜怒，反会以天道为过错。

②一而不变：坚持纯一之道而不动。一，指虚静无为之道。

③忤（wǔ）：违逆抵触之意。

④不与物交：无心与外物交往。

译文

悲哀和欢乐是背离德行的邪妄；喜悦和愤怒是违反大道的罪过；爱好和憎恶是忘却真性的过失。因此内心不忧不乐，是德行的最高境界；持守专一而没有变化，是寂静的最高境界；不与任何外物相抵触，是豁达的最高境界；不跟外物交往，是恬淡的最高境界；不与任何事物相违逆，是精粹的最高境界。

形劳而不休则弊[①]，精用而不已则竭。水之性，不杂则清，莫动则平；郁闭而不流[②]，亦不能清。天德之象[③]也。

（《庄子·外篇·刻意》）

注释

①弊：疲惫。

②郁闭而不流：即水不流动就会腐臭浑浊。郁，积滞。闭，闭塞。

③象：反映。

译文

形体劳累而不休息就会疲乏不堪，精力使用过度而不知停下休息就会使元气衰竭。水的本性，不混杂就会清澈，不搅动就会平静；闭塞不流动，就不会纯清。这是自然本质的反映。

纯粹而不杂，静一而不变，淡而无为，动而天行，此养神[①]之道也。

（《庄子·外篇·刻意》）

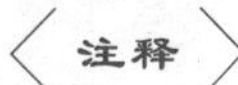

注释

①养神：存养精神。

〈译文〉

心境纯净精粹而无杂念，静寂持守而不改变，恬淡而又无为，运动则顺应自然而行，这就是存养精神的道理。

吾生也有涯①，而知②也无涯。以有涯随③无涯，殆④已；已⑤而为知者，殆而已矣！

（《庄子·内篇·养生主》）

〈注释〉

①涯：边际、极限。

②知(zhì)：知识、才智。

③随：追随、索求。

④殆：危险，此处指疲惫不堪，神伤体乏。

⑤已：如此，此处指上句所说的用有限的生命探求无尽的知识必然神伤体乏的情况。

〈译文〉

人的生命是有限的，而知识却是无限的。以有限的生命去追求无限的知识，势必体乏神伤；既然如此，还在无休止地追求知识，那么就会神伤体乏。

为善无近[1]名，为恶无近刑，缘督[2]以为经[3]，可以保身，可以全生[4]，可以养亲[5]，可以尽年[6]。

（《庄子 · 内篇 · 养生主》）

注释

①近：接近，这里指追求、贪图。

②缘督：指顺从自然之中道。缘，顺着、遵循。督，中、正道。中医有奇经八脉之说，所谓“督脉”即身背之中脉，具有总督诸阳经之作用。

③经：常。

④全生：保全天性。生，通“性”。

⑤亲：指“真君”，即精神。

⑥尽年：终享天年，不夭折。年，年寿，此处指自然寿命。

译文

做了世人所谓的善事却不去贪图名声，做了世人所谓的恶事却不至于面对刑戮的屈辱，遵从自然的中正之路并把它作为顺应事物的常法，就可以护卫自身，保全天性，得以终享天年。

人大喜邪，毗[1]于阳；大怒邪，毗于阴。

（《庄子 · 外篇 · 在宥》）

〈注释〉

①毗(pí):损伤。

〈译文〉

人过度欢欣,定会损伤阳气;过度愤怒,定会损伤阴气。

夫天下之所尊者,富贵寿善也;所乐者,身安厚味美服好色音声也;所下①者,贫贱夭恶也;所苦者,身不得安逸,口不得厚味,形不得美服,目不得好色,耳不得音声。若不得者,则大忧以惧,其为形②也亦愚哉!

(《庄子·外篇·至乐》)

〈注释〉

①下:卑贱。

②为形:保养身体。

〈译文〉

世人所尊崇看重的,是富有、高贵、长寿和善名;所爱好喜欢的,是安适的身体、丰盛的食品、华美的服饰、绚丽的色彩和动听的乐声;所认为低下的,是贫穷、卑微、短命

和恶名;所痛苦烦恼的,是身体得不到安适,口腹尝不到佳肴,形体穿不到华服,眼睛看不到色彩,耳朵听不到乐声。假如得不到这些东西,就大为忧愁和担心,以上种种对待身体的做法实在是太愚蠢啊!

弃事则形不劳,遗生则精不亏[①]。夫形全精复,与天为一。

(《庄子·外篇·达生》)

注释

①精不亏:精神不亏损。

译文

舍弃了世俗之事,身体就不会劳累;遗忘了生命的涯际,精神就不会亏损。身体得以保全而精神得以复本还原,就跟自然融合为一体。

形精不亏,是谓能移[①];精而又精[②],反以相天。

(《庄子·外篇·达生》)

注释

①能移:能随自然变化推移更新。

②精而又精：使精神完美之外更加完美。

〈译文〉

形体保全，精神不亏损，这就叫作能够随自然的变化而变化；精神达到高度凝聚的程度，反过来就能与自然相辅相成。

夫忿滀[①]之气，散而不反，则为不足[②]；上[③]而不下，则使人善怒；下而不上，则使人善忘；不上不下，中身当心[④]，则为病。

（《庄子·外篇·达生》）

〈注释〉

①忿滀(xù)：怒气郁结。

②本句意为：喜怒哀乐为人之自然情感，怒气亦人所不可或缺者，如果当怒而不怒，则是没有血性，故称“不足”。

③上：怒气滞留在身体上部，不能上下贯通。

④中身当心：心是人之主宰，心在人身之中部，如果怒气郁结在身体中间，与心相合，则会使心受到扰乱而得病。

〈译文〉

身体内部郁结着气，精魂就会离散而不返归于身，人就会缺乏足够的精神力量防御外界的骚扰。郁结着的气

上通而不能下达，就会使人易怒；下达而不能上通，就会使人健忘；不上通又不下达，郁结内心而不离散，那就会使人生病。

君将盈耆欲[1]，长好恶，则性命之情病[2]矣；君将黜[3]耆欲，掔[4]好恶，则耳目病[5]矣。

（《庄子·杂篇·徐无鬼》）

注释

①耆(qí)欲：爱好和欲望。耆，通“嗜”。

②病：伤害，损害。

③黜(chù)：减损，废弃。

④掔(qiān)：通“牵”，引申为除去。

⑤病：困苦。

译文

你想要满足嗜好和欲望，增长喜好和憎恶之情，那么自然本性就要受到损伤；你想要抛弃嗜好和欲望，除去喜好和憎恶，那么耳目就会不习惯而感到困顿乏厄。

平易恬淡，则忧患不能入，邪气不能

袭，故其德全而神不亏。

（《庄子·外篇·刻意》）

译文

心境保持平易恬淡，那么忧患就不能侵入，邪气也不能袭扰，故而其道德完美而精神不亏损。

利害相摩，生火甚多①，众人焚和②，月③固不胜火，于是乎有僓④然而道尽⑤。

（《庄子·杂篇·外物》）

注释

①生火甚多：指心火甚多。

②众人焚和：众人焚烧心中的和气。

③月：人心的清明。

④僓（tuí）：通"隤"，败坏。

⑤道尽：人的天性丧失殆尽。

译文

利害得失在心中纠缠，于是内心万分烦躁；世人内热如火烧毁了中和之气，清明淡泊的心境抑制不住内心如火的焦虑，于是便精神颓然，玄理败坏，天性荡然无存。

静然①可以补病，眦搣②可以沐老③，宁可以止遽④。

（《庄子·杂篇·外物》）

注释

①静然：心静的样子。

②眦搣（zì miè）：指按摩眼睛周围。眦，内外眼角。搣，通"摵"，按摩。

③沐老：洗除老态。

④遽（jù）：剧变。

译文

心静可以调养病体，按摩可以延缓衰老，安宁可以平息焦躁。

不能自胜则从①之，神无恶②乎？不能自胜而强不从者，此之谓重伤③。重伤之人，无寿类矣。

（《庄子·杂篇·让王》）

注释

①从：顺从、任从。

②无恶:不厌恶。

③重(chóng)伤:双重伤害。

〈译文〉

不能约束自己的感情而任凭自己放荡不羁,这样你的心神会不厌恶吗?不能管束自己而又要勉强管束,这就叫作受双重伤害。心神受到双重伤害的人,就不能与长寿的人比肩为伍了。

能尊生者,虽贵富不以①养伤身,虽贫贱不以利累形②。今世之人居高官尊爵者,皆重失之③,见利轻亡④其身,岂不惑哉!

(《庄子·杂篇·让王》)

〈注释〉

①以:因为。

②累形:牵累形体。

③之:此处指高官尊爵。

④轻亡:轻易伤亡。

〈译文〉

能够珍视生命的人,即使富贵也不会因养尊处优而伤害身体,即使贫贱也不会为追逐私利而拘累身体。当今世

上的人们居于高官显位的,都时时担忧失去它们,见到利禄就轻率地置性命于不顾,这难道不很迷惑吗?

养志者忘形,养形者忘利,致道者忘心[①]矣。

(《庄子·杂篇·让王》)

注释

①忘心:忘却心机。

译文

修养心志的人能够忘却形骸,调养身形的人能够忘却利禄,得道的人能够忘却心机与才智。

天与地无穷,人死者有时。操有时之具[①]而托于无穷之间,忽然无异骐骥之驰过隙也。不能说其志意,养其寿命者,皆非通道者也。

(《庄子·杂篇·盗跖》)

注释

①具:指形骸。

〈译文〉

天与地是无穷尽的，人的生命却是有限的。把有限的生命寄托于无穷的时空，其消逝之迅速，就像千里良驹从缝隙中骤然驰去一样。凡是不能够使自己心旷神怡而颐养寿命的人，都不能算是通晓常理的人。

处世篇

概述

庄子的人生观首先立足于解决人生困境，关注人如何在乱世中自处。在庄子看来，世俗社会的礼仪、法制、伦理、道德等都是对自然人性的人为约束，人们对名利的追求也是对自然人性的破坏。庄子的处世态度是顺应自然。“无用之用”是其处世之道，庄子以世俗之有用的害处，说明“无用之小用”可以保身，提倡合于自然之道的“无用之大用”。庄子宣扬“处乎材与不材之间”的处世哲学，这是其聪明之处，也是全生保身的最佳途径，给人们指出了乱世中的生存之道。为了避免外物对本性的摧残，庄子提供了遁于山林的“避世”、安之若命的“顺世”等处世方法。他还主张“虚己以游世”，虚己、无为只是“游世”的前提。这种“游世”态度直接指向现实矛盾，并提出了现实的解决办法。庄子批判人们为追求外物而劳碌痛苦、丧失本性的做法，提倡自然无为的处世之道，不仅为古人，亦为今人如何处世提供了有益的借鉴。

以富为是[①]者，不能让禄；以显为是者，不能让名；亲权者，不能与人柄。操之则栗[②]，舍[③]之则悲，而一无所鉴，以窥其所不休者，是天之戮民[④]也。

（《庄子 · 外篇 · 天运》）

注释

①是：谓正道。

②栗：战栗，唯恐失掉。

③舍：丧失。

④天之戮民：这些人为名利、权势相争不止，受无穷困扰的摧残，这是违背自然本性的自杀，不是外加之刑戮，故称“天之戮民”。天，自然。

译文

把贪图钱财看作正道的人，不会以利禄让人；把追求显赫看作正道的人，不会以名声让人；迷恋权势的人，不会授人权柄。掌握了利禄、名声和权势便唯恐丧失而整日战栗不安，而失去了它们又会悲苦不堪。对于大道一点都看不到，只盯住无休止追逐的东西，这样的人终被名利、权势所刑戮。

知士无思虑之变则不乐，辩士[1]无谈说之序则不乐，察士无凌谇[2]之事则不乐：皆囿于物[3]者也。

（《庄子·杂篇·徐无鬼》）

注释

①辩士：善于言谈的人。

②凌谇：凌辱责骂。

③皆囿于物：指以上几种人皆是被名利之类的东西所束缚。囿，束缚、局限。

译文

才智聪颖的人没有思虑上的转换便不会感到快乐，善于辩论的人没有谈说的机会便不会感到快乐，喜于观察的人没有明辨的事便不会感到快乐：这都是因为受到了外物的束缚。

世俗之人，皆喜人之同乎己而恶人之异于己也。同于己而欲之，异于己而不欲者，以出乎众为心也。

（《庄子·外篇·在宥》）

译文

世上的俗人都喜欢别人跟自己意见相同，而讨厌别人

跟自己意见相左。跟自己相同的就喜欢,跟自己相左的就排斥厌恶,其原因在于这种人总是把出人头地当作自己主要的追求。

不乐寿[1],不哀夭;不荣通[2],不丑穷[3]。

(《庄子·外篇·天地》)

注释

①不乐寿:不把长寿看作快乐。

②不荣通:不以通达为荣耀。

③不丑穷:不把贫穷看作羞耻。丑,羞耻。

译文

不把长寿看作快乐,不把夭折看作悲哀,不把通达看作荣耀,不把穷困看作羞耻。

知其愚者,非大愚也;知其惑者,非大惑也。大惑者,终身不解;大愚者,终身不灵[1]。

(《庄子·外篇·天地》)

注释

①灵:灵巫。

〈译文〉

知道自己愚昧的人，并不是最愚昧的；知道自己迷惑的人，并不是最迷惑的。最迷惑的人，一辈子也不会醒悟；最愚昧的人，一辈子也不会明白。

孝子不谀其亲，忠臣不谄其君，臣子之盛也。

（《庄子·外篇·天地》）

〈译文〉

孝子不奉承父母，忠臣不谄媚国君，这是忠臣孝子尽忠尽孝的最好表现。

德荡[①]乎名，知出乎争。名也者，相轧也；知也者，争之器也。二者凶器，非所以尽行也。

（《庄子·内篇·人间世》）

〈注释〉

①荡：丧失、毁坏。

译文

道德的毁败在于追求名声，智慧的表露在于争辩是非。名声是人们互相倾轧的缘由，智慧是人们互相争斗的工具。二者都是凶器，不可以将它们推行于世。

吴王浮[①]于江，登乎狙[②]之山。众狙见之，恂[③]然弃而走，逃于深蓁[④]。有一狙焉，委蛇攫搔[⑤]，见[⑥]巧乎王。王射之，敏给博捷[⑦]矢。王命相者[⑧]趋射之，狙执死[⑨]。

（《庄子·杂篇·徐无鬼》）

注释

①浮：泛舟。

②狙（jū）：猕猴。

③恂（xún）：恐惧、害怕。

④深蓁：荆棘丛。蓁，通“榛”。

⑤委蛇（yí）攫（jué）搔（sāo）：委迤攀搏。委蛇，转来转去。攫搔，攀搏抓取。

⑥见：通“现”。

⑦博捷：接取。

⑧相（xiàng）者：随从打猎的人。

⑨执死：抱树而死。

译文

吴王渡过长江，登上猕猴聚居的山岭。猴群看见吴王打猎的队伍，惊惶地四散奔逃，躲进了荆棘丛林的深处。有一只猴子留下了，它从容不迫地腾身而起，抓住树枝跳来跳去，在吴王面前尽显它的灵巧。吴王用箭射它，它敏捷地接住飞速射来的利箭。吴王下令叫随从打猎的人一起上前射箭，猴子躲避不及，抱树而死。

散木①也，以为②舟则沈③，以为棺椁④则速腐，以为器则速毁，以为门户则液樠⑤，以为柱则蠹⑥，是不材之木也。无所可用，故能若是之寿。

（《庄子·外篇·人间世》）

注释

①散木：指不成材的树木。

②以为：即“以之为”，把它做成。

③沈(chén)：通“沉”。

④椁(guǒ)：棺外的套棺。

⑤液樠(mán)：液体渗出木材。

⑥蠹(dù)：虫蛀。

〈译文〉

一棵毫无用处的树，用它做成舟船定会沉没，用它做成棺椁定会很快朽烂，用它做成器皿定会很快毁坏，用它做成屋门定会流脂而不合缝，用它做成柱子定会被虫蛀蚀。这是不能取材的树。正因为没有什么用处，它才能存活长久。

卫有恶人[①]焉，曰哀骀它[②]。丈夫[③]与之处者，思而不能去也。妇人见之，请于父母曰"与为人妻，宁为夫子妾"者，十数而未止也。未尝有闻其唱[④]者也，常和人而已矣。无君人之位[⑤]以济乎人之死，无聚禄以望人之腹[⑥]，又以恶骇天下，和而不唱，知不出乎四域[⑦]，且而雌雄[⑧]合[⑨]乎前，是必有异乎人者也。

（《庄子·内篇·德充符》）

〈注释〉

①恶人：丑陋的人。

②哀骀（tái）它（tuō）：虚构的人物。

③丈夫:古代成年男子的通称。

④唱:倡导、立说。

⑤君人之位:统治者的地位。

⑥望人之腹:指使人吃饱。望,月满圆,引申为饱满之义。

⑦四域:四周的邻界。

⑧雌雄:此处泛指女人和男人。

⑨合:亲近。

译文

卫国有个奇丑无比的人,名叫哀骀它。男人跟他相处,常常想念他而舍不得离去。女人见到他便向父母提出请求,说"与其做别人的妻子,不如做哀骀它的妾"。有这种想法的人已经十多个了,而且还在增多。从不曾听说哀骀它倡导什么,只是常常附和别人罢了。他没有权势去拯救他人于临近败亡的境地,没有聚敛大量的财物而使他人填饱肚子。他面貌丑陋使天下人吃惊,又总是附和他人而从不倡导立说,他的才智也超不出他所生活的四境,不过跟他接触者无论男女都乐于亲近他。这样的人一定有过人之处。

支离疏[①]者,颐[②]隐于脐,肩高于顶,会撮指天[③],五管[④]在上,两髀[⑤]为胁。挫针[⑥]治繲[⑦],足以糊口;鼓荚[⑧]播精,足以食十

人。上征武士，则支离攘臂[9]而游于其间；上有大役，则支离以有常疾不受功[10]；上与病者粟，则受三钟[11]与十束薪。夫支离其形者，犹足以养其身，终其天年，又况支离其德者乎？

(《庄子·内篇·人间世》)

注释

①支离疏：虚构的人物，意喻支离破碎，形体不健全。

②颐：面颊。

③会撮指天：发髻朝天。会撮，发髻。指天，向上。因脊背弯曲，所以发髻朝天。

④五管：五官，旧说指五脏的腧穴。

⑤髀(bì)：股骨，此指大腿。

⑥挫针：缝衣。

⑦繲(xiè)：洗衣。

⑧鼓荚：小簸箕簸动。鼓，簸动。荚，小簸箕。

⑨攘臂：指捋起衣袖伸长手臂。攘，捋。

⑩功：通"工"，指劳役之事。

⑪钟：古代量的单位，合六斛四斗。

译文

有个名叫支离疏的人，面颊隐藏在肚脐下，双肩高于

头顶,脑后的发髻朝天,五官朝上,大腿和两边的胸肋并生在一起。他给人缝衣浆洗,足够糊口度日;又替人筛糠簸米,足可养活十口人。国君征兵时,支离疏捋袖扬臂在征兵人面前闲逛,从不担心被选中;国君征发大型徭役时,支离疏因身有残疾而免除劳役;国君向病残之人赈济米粟时,支离疏还领得三钟粮食和十捆柴草。像支离疏那样形体残缺不全的人,还可以养活自己,终享天年,又何况德行不全的人呢!

知无用而始①可与言用矣。夫地非不广且大也,人之所用容足耳,然则厕②足而垫之,致黄泉③,人尚有用乎?

(《庄子·杂篇·外物》)

注释

①始:才。

②厕:通“侧”。

③黄泉:指人死所葬之地,或阴间。

译文

懂得无用的用处,才能够跟他谈论有用。大地不能不说是既广且大了,人所用的只是立足之地那一小块地方罢了。既然如此,那么只留下立足的那一小块地方,其余的

全都挖掉,一直挖到黄泉,那么那块可供立足的地方对人来说还有用吗?

子独不见狸狌[①]乎?卑身而伏,以候敖[②]者;东西跳梁[③],不辟[④]高下;中于机辟[⑤],死于罔罟[⑥]。今夫斄牛[⑦],其大若垂天之云。此能为大矣,而不能执鼠。今子有大树,患其无用,何不树之于无何有之乡[⑧],广莫[⑨]之野,彷徨乎无为其侧,逍遥乎寝卧其下。不夭斤斧[⑩],物无害者,无所可用,安所困苦哉!

(《庄子·内篇·逍遥游》)

注释

①狸狌(lí shēng):野猫、黄鼠狼。

②敖:通"遨",遨游。

③跳梁:跳跃、窜越。

④辟:避开。

⑤机辟:捕兽的机关陷阱。

⑥罔罟(gǔ):渔猎的网具。罔,网。罟,网的总称。

⑦斄(lí)牛:牦牛。

⑧无何有之乡:什么也没有生长的地方。

⑨广莫：辽阔。莫，通“漠”，广大。

⑩斤斧：大斧头。

译文

你不曾看见那野猫和黄鼠狼吗？低着身子，匍匐于地，等待觅食或出游的小动物；东西跳跃，上下腾窜，不曾想踩中捕兽的机关，死于猎网之中。再看那斄牛，庞大的身子像遮天蔽日的云气，有那么大的本事，但却不能捕鼠。现在你有这么一棵大树，愁它无用，为什么不把它种植在虚无空荒的乡土里、广大无边的旷野里，而你可以悠游无为地徘徊于树旁，逍遥自在地安卧于树下。这样大树不会遭受斧头砍伐，也不会受其他东西的侵害。虽然没有什么用处，但又有什么祸患呢！

汝不知夫螳螂乎？怒[1]其臂以当车辙[2]，不知其不胜任也，是其才之美[3]者也。

（《庄子·内篇·人间世》）

注释

①怒：奋起。

②当车辙：阻挡车轮。当，阻挡。车辙，指车轮。

③是其才之美：即“以其才之美为是”，意思是自恃才高。

译文

你不知道那螳螂吗？它奋起臂膀去阻挡滚滚前进的车轮，根本不明白自己的微薄之力全然不能胜任，还自以为才高力盛。

山木自寇[①]也，膏[②]火自煎也。桂[③]可食，故伐之；漆可用，故割之。人皆知有用之用，而莫知无用之用也。

（《庄子·内篇·人间世》）

注释

①自寇：指自取砍伐。寇，侵犯、掠夺。

②膏：油脂。

③桂：树名，其皮可作香料。

译文

山上的树木因材质可用而招致砍伐；油脂燃起烛火，皆因可以燃烧照明而自取熔煎。桂树皮芳香可以食用，因而遭到砍伐；树漆因为可以派上用场，所以遭受刀斧割裂。人们都知道“有用”的好处，却不懂得“无用”的好处。

自事其心[①]者，哀乐不易施乎前[②]，知其不可奈何而安之若命，德之至也。

（《庄子·内篇·人间世》）

注释

①自事其心：侍奉自己的心思，意思是注重自己的道德修养。

②施（yí）乎前：影响当前心境。施，移动、影响。

译文

注重自我修养的人，悲哀和欢乐都不能轻易影响到他。知道世事艰难，无可改变却又能安之若素，这是道德修养的最高境界。

鉴明则尘垢不止，止则不明也。久与贤人处则无过。

（《庄子·内篇·德充符》）

译文

镜子明亮就不会有灰尘停留在上面，尘垢落在上面，镜子也就不再明亮了。长期跟贤人相处，自己也很少有过错。

古之所谓得志者，非轩冕①之谓也，谓其无以益其乐而已矣。

(《庄子 · 外篇 · 膳性》)

注释

①轩冕：古时卿大夫所乘之车、所戴之冠，后为官位爵禄之代称。

译文

古时候所说的自得自适的人，不是指高官厚禄、地位尊显，而是具有无以复加的本然的快意，且没有必要再添加什么罢了。

于事无与亲①，雕琢复朴②，块然③独以其形立。纷④而封⑤哉，一以是终。

(《庄子 · 内篇 · 应帝王》)

注释

①无与亲：无亲疏之别，无偏私之心。

②复朴：指现在业已恢复朴实的“道”。

③块然：像大地一样木然。

④纷：指世间的纷扰。

⑤封：守，此处指能够持守本真。

〈译文〉

对于各种世事无亲疏之别，无偏私之心，抛弃雕琢和华饰，恢复到原本的质朴和纯真，像大地一样木然，忘情地将形骸寄托于世。虽然卷入世间的纷扰却能固守本真，终生如此。

夫小惑易方①，大惑易性。

（《庄子·外篇·骈拇》）

〈注释〉

①易方：改变方向。

〈译文〉

小的迷惑会使人弄错方向，大的迷惑会使人改变本性。

夫不自见而见彼，不自得而得彼者，是得人之得而不自得其得者也，适人之适而不自适其适者也。

（《庄子·外篇·骈拇》）

〈译文〉

不能看清自己而只能看清别人，不能安于自得而向别

人索求的人，就是觊觎别人之所得而不能安于自己所应得的人，也就是贪图达到别人所能达到的而不能安于自己所应达到的境界的人。

人有畏影恶迹而去之走[①]者，举足愈数[②]而迹愈多，走愈疾而影不离身，自以为尚迟，疾走不休，绝力而死。不知处阴以休影，处静以息[③]迹，愚亦甚矣！

（《庄子·杂篇·渔父》）

注释

①走：跑。

②数：速。

③息：灭绝。

译文

有人害怕自己的身影，厌恶自己的足迹，想要抛弃它们便快步跑起来，跑得越多越快，足迹就越多，影子也就追得越紧，他还自以为跑得慢了，于是快速奔跑而不停止，终于力尽而死。他不懂得停留在阴暗处影子自会消失，静止不动足迹便不复存在，这也实在是太愚蠢了！

众人役役[①]，圣人愚芚[②]，参万岁[③]而一成纯[④]。

（《庄子·内篇·齐物论》）

〈注释〉

①役役：驰骛于是非之境，意指一心忙于分辨是非。

②芚（chūn）：浑然无所觉察的样子。

③参万岁：即糅合历史的长久变异与沉浮。参，糅合。万岁，年代久远。

④一成纯：一体纯粹。一，一体、整个。纯，精粹不杂，指不为纷乱和差异所乱。

〈译文〉

人们总是一心忙于争辩是非，圣人却好像十分愚昧而无所觉察，糅合古往今来多少变异、沉浮，自身却浑然一体而不为纷杂错异所困扰。

高言不止于众人之心，至言不出，俗言胜也。

（《庄子·外篇·天地》）

〈译文〉

高雅的谈吐不可能留在世俗人的心里，而至理名言也

不能从世俗人的口中说出，是因为流俗的言谈占了优势。

知不可奈何而安之若命，唯有德者能之。

（《庄子·内篇·德充符》）

〈译文〉

懂得事物的无可奈何，却能安于自己的境遇并视如命运安排的那样，只有有德的人才能做到这一点。

凡溢之类妄，妄则其信之也莫[①]。

（《庄子·内篇·人间世》）

〈注释〉

①信之也莫：指真实程度值得怀疑。莫，薄。

〈译文〉

大凡过度的话都类似于虚妄，虚妄的言辞其真实程度也就值得怀疑。

泽雉[①]十步一啄，百步一饮，不蕲[②]畜

乎樊中。神虽王[③],不善也。

(《庄子·内篇·养生主》)

注释

①雉(zhì):雉鸟,俗称"野鸡"。

②蕲(qí):祈求,希望。

③王:通"旺",旺盛。

译文

沼泽边的野鸡走上十步才能啄到一口食,走上百步才能喝到一口水,可是它丝毫也不祈求被畜养在笼子里。[生活在樊笼里虽然不必费力寻食,]精力旺盛,那也是很不自在的。

此四六者[①]不荡胸中则正,正则静,静则明,明则虚,虚则无为而无不为也。

(《庄子·杂篇·庚桑楚》)

注释

①四六者:指"勃志""谬心""累德""塞道"四个方面中的六者。"勃志"指错乱意志,其六项为荣贵、富有、高显、威势、声名、利禄。"缪心"指束缚心灵,其六项为姿容、举动、颜色、辞理、气息、情意。"累德"指负累德性,其六项为憎恶、爱欲、欣喜、愤怒、悲哀、欢乐。"塞道"指阻碍大道,其六项为去舍、从就、贪取、付

与、知虑、技能。

〈译文〉

如果这四个方面的六种情况不在胸中震荡，那么内心就会平正，内心平正就会宁静，宁静就会明澈，明澈就会虚空，虚空就能顺应无所作为而又无所不为。

巧者劳而知者忧，无能①者无所求，饱食而敖游②，泛③若不系之舟，虚④而敖游者也。

（《庄子·杂篇·列御寇》）

〈注释〉

①无能：无所能而能，指无为而得道。

②敖游：不受外物的束缚，自由自在地游荡于虚无的境界。

③泛：漫无目的。

④虚：内心空虚，无目的，此处指无应无不应。

〈译文〉

灵巧的人多劳累而聪慧的人多忧患，没有能耐的人也就没有什么追求，填饱肚子后就自由自在地遨游，像没有缆索、浮游在水中的船只一样，这才是心境虚无而自由遨游的人。

名[①]，公器[②]也，不可多取。仁义，先王之蘧庐[③]也，止可以一宿而不可久处，觏[④]而多责。

（《庄子·外篇·天运》）

〈注释〉

①名：指事物之名称，亦指一个人的名誉、声誉。

②公器：众人所用之物。意为好声誉是众人所用之物，大家争着要，但不可多取，多取则相争受害。

③蘧（qú）庐：用茅草搭成的有脊无柱的茅舍。这种简陋小屋只能暂留，不宜久住。

④觏：见，此处指把仁义显示于人。

〈译文〉

名声，是人人都可使用的器物，不可过多猎取。仁义，是前代帝王的茅舍，可以住上一宿而不可以久居，显示过多必然会生出许多责难。

夫鹄[①]不日浴而白，乌不日黔[②]而黑。黑白之朴，不足以为辩[③]；名誉之观，不足

以为广④。

（《庄子·外篇·天运》）

〈注释〉

①鹄：天鹅。

②黔（qián）：黑色，此处指染黑。

③辩：通“辨”，辨别。本句意为：黑白各足其性，无须辨别、区分它们的美丑好坏。

④广：增大、扩充。

〈译文〉

天鹅不需要天天沐浴而羽毛自然洁白，乌鸦不需要每天用黑色渍染而羽毛自然乌黑。乌鸦的黑和天鹅的白都是出于本然，不足以分辨孰优孰劣；名声和荣誉那些外在的东西，更不足以播散、张扬。

泉涸，鱼相与处于陆，相呴①以湿，相濡②以沫，不若相忘于江湖。

（《庄子·外篇·天运》）

〈注释〉

①呴（xǔ）：吐气。

②濡：沾湿。

〈译文〉

泉水干涸了，鱼儿被困在滩地上，它们亲密地互相依靠着，大口吐气来取得一点儿湿气，靠唾沫来润湿彼此，延续生命，这样的情景让人动容，但对鱼儿来说，倒不如在江湖里自在遨游，即使彼此相忘。

不为轩冕肆志①，不为穷约趋俗②，其乐彼与此同，故无忧而已矣！

（《庄子·外篇·膳性》）

〈注释〉

①肆志：放纵心志，丧失自性。

②趋俗：不能安处穷约，而超于世俗，与其同流合污。

〈译文〉

不可为了富贵荣华而恣意放纵心志，不可因为穷困、贫乏而趋附流俗。他身处富贵荣华与穷困贫乏，其间的快意相同，因而也就没有忧愁。

言察乎安危，宁于祸福①，谨于去就②，莫之能害也。

（《庄子·外篇·秋水》）

〈注释〉

①祸福:困穷与通达。祸,困穷。福,通达。

②去就:退舍与进取。去,退舍。就,进取。

〈译文〉

明察安危,安于祸福,慎处退舍与进取,因而没有什么东西能够伤害他们。

夫水行不避蛟龙者,渔父之勇也;陆行不避兕[①]虎者,猎夫之勇也;白刃交于前,视死若生者,烈士[②]之勇也;知穷之有命,知通之有时,临大难而不惧者,圣人之勇也。

(《庄子·外篇·秋水》)

〈注释〉

①兕(sì):犀牛一类的猛兽,独角,青色,体重可达三千斤。

②烈士:古代泛指有志于功业或重义轻生的人,此指后者。

〈译文〉

在水里活动而不躲避蛟龙的,是渔夫的勇敢;在陆上

活动而不躲避犀牛、老虎的，是猎人的勇敢；刀剑交错于眼前，看待死亡犹如生还的，是壮烈之士的勇敢。懂得困厄、潦倒是命中注定的，懂得顺利、通达是时运造成的，面临大难而不畏惧的，是圣人的勇敢。

庄子行于山中，见大木，枝叶盛茂。伐木者止其旁而不取也。问其故，曰："无所可用。"庄子曰："此木以不材得终其天年夫。"

(《庄子·外篇·山木》)

〈译文〉

庄子漫步在山林之中，看见一棵大树，枝叶繁茂，伐木工停在其旁却不去砍伐。庄子问伐木工为何不砍伐这棵树，伐木工回答说："因为它没什么用。"庄子说："这棵树因为不成材、不中用而能够走完它的自然寿命。"

周将处乎材与不材之间。材与不材之间，似之而非也，故未免乎累[①]。若夫乘道德[②]而浮游[③]则不然，无誉无訾[④]，一龙一蛇[⑤]，与时俱化，而无肯专为[⑥]；一上一

下，以和为量⑦，浮游乎万物之祖。物物⑧而不物于物⑨，则胡可得而累邪！

（《庄子·外篇·山木》）

注释

①未免乎累：不能免于受累患。

②乘道德：顺其自然。

③浮游：茫然无心地漫游。

④訾（zǐ）：毁谤、非议。

⑤一龙一蛇：一时如龙之显现，一时如蛇之潜藏，随时而变化。

⑥无肯专为：不愿固守一端。无肯，不愿。专为，固守一端。

⑦以和为量：以和顺为标准。和，和顺，指与外物相和谐。量，度量，引申为标准。

⑧物物：按物之本性去主宰外物。

⑨不物于物：不受外物所支配、役使。

译文

我将站在“材”和“不材”的中间。“材”与“不材”之间，似材又不似材，所以还是不能免于受牵累。但是如果顺其自然而处世，情况就大不一样了，没有赞誉也没有诋毁，一会儿像龙一样腾飞，一会儿像蛇一样蛰伏，与时俱化，而不愿专于某一方面；时进时退，以和顺为标准，游心于万物的根源。主宰万物而不被外物所役使，像这样又怎么能为有所得而累呢！

人能虚己[1]以游世，其孰能害之！

（《庄子·外篇·山木》）

〈注释〉

①虚己：无心。

〈译文〉

一个人倘若能听任外物、处世无心而自由自在地遨游于世，谁又能够伤害他呢？

直木先伐，甘井先竭。

（《庄子·外篇·山木》）

〈译文〉

长得挺直的树木总是先被砍伐，甘甜的井水总是先遭汲竭。

夫以利合者，迫穷祸患害[1]相弃也；以天属者，迫穷祸患害相收[2]也。

（《庄子·外篇·山木》）

〈注释〉

①迫穷祸患害:遭遇困厄灾祸。迫,遭遇。

②收:收留、容纳。

〈译文〉

以利益相合的,遇上窘迫祸患就会彼此抛弃;以天性相联的,遇上窘迫祸患就会相互包容。

夫明白大[①]素,无为复朴,体性抱神[②],以游世俗之间者。

(《庄子·外篇·天地》)

〈注释〉

①大:通“太”。

②体性抱神:体悟真性,保持专一的神情。体性,体悟真性。抱神,持守专一的神情。

〈译文〉

圣人是明澈素洁、自然朴质、体悟真性、持守精神、悠游自得地生活在世俗之中的人。

君子之交淡若水，小人之交甘若醴[1]。君子淡以亲，小人甘以绝[2]。彼无故以合者，则无故以离。

（《庄子·外篇·山木》）

注释

①醴(lǐ)：甜酒。

②小人甘以绝：小人相交以利，有利可图则情谊甘美，无利可图则情谊断绝。绝，断绝。

译文

君子相交淡薄得像清水一样，小人相交甘甜得像美酒一样；君子情虽淡薄却心地亲近，小人情虽甘美却易断绝。大凡无缘无故而接近相合的，也会无缘无故地离散。

睹一蝉，方得美荫而忘其身；螳螂执翳[1]而搏之，见得而忘其形；异鹊从而利之[2]，见利而忘其真[3]。庄周怵然曰："噫！物固相累，二类相召也！"

（《庄子·外篇·山木》）

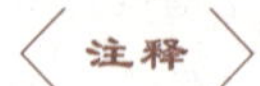

①翳(yì)：用草叶遮蔽。

②利之:意动用法,即“以之为利”。

③真:真性、本性,指鸟有目能视,有翼能飞。

译文

[这时]看见一只蝉,正在浓密的树荫里美美地休息而忘记了自身的安危;一只螳螂用树叶作隐蔽欲见机扑上去捕捉蝉,螳螂眼见有所得而忘了自己的存在;怪鹊紧随其后认为那是极好的时机,眼看即将捕到螳螂而忘记了自己的性命。庄子惊恐而警惕地说:“啊,世上的物类原本就是这样相互牵累、相互争夺啊!”

贫也,非惫[①]也。士有道德不能行,惫也;衣弊履穿,贫也,非惫也;此所谓非遭时也。

(《庄子·外篇·山木》)

注释

①惫:疲乏困顿。

译文

是贫穷,不是疲惫。士人身怀道德而不能够推行于天下,这是疲惫;衣服烂了,鞋子破了,这是贫穷,而不是疲惫。这种情况就是所谓的生不逢时。

古之人外化[①]而内不化[②]，今之人内化而外不化。与物化者，一不化[③]者也。安化安不化[④]，安与之相靡[⑤]，必与之莫多[⑥]。

（《庄子·外篇·知北游》）

注释

①外化：随顺外物之变化而变化。

②内不化：内心平静安宁、恒定不变。

③一不化：恒常保持淡泊无心。

④安化安不化：不管化与不化，皆能习惯自处。安，习惯。

⑤靡：顺。

⑥莫多：不增益，此处指循物之性，顺其自然，不予增减。

译文

古时候的人，外在形体适应环境的变化，内心世界却持守凝寂；现在的人，内心世界不能持守凝寂，而外在形体也不能适应环境的变化。随应外物变化的人，内心必定纯一凝寂而不离散游移。对于变与不变都能安然随顺，闲适自得地跟外在环境相顺应，必定会与外物一道变化而不偏移。

身若槁木之枝而心若死灰。若是者，祸亦不至，福亦不来。祸福无有，恶有人灾也！

（《庄子·杂篇·庚桑楚》）

〈译文〉

身形像枯树的枝桠，而心像冷却的灰烬。像这样的人，灾祸不会到来，幸福也不会降临。祸福都不存在，哪里还会有人为的灾害呢！

无以巧胜人，无以谋胜人，无以战胜人。

（《庄子·杂篇·徐无鬼》）

〈译文〉

不要用智巧去战胜别人，不要用计谋去打败别人，不要用战争去征服别人。

狗不以善吠为良，人不以善言为贤。

（《庄子·杂篇·徐无鬼》）

〈译文〉

狗不因善于狂吠便是好狗，人不因善于言谈便是贤能。

达生之情者傀[1]，达于知者肖[2]，达大命[3]者随[4]，达小命[5]者遭。

（《庄子·杂篇·列御寇》）

注释

①傀(guī)：傀伟、不凡。

②肖：小、渺小。

③大命：天命。

④随：顺随自然。

⑤小命：人命。

译文

通晓生命本质的人心胸开阔，通晓真正的智慧的人虚怀若谷，通晓长寿之道的人随顺自然，通晓寿命短暂之理的人也能随遇而安。

安危相易，祸福相生，缓急相摩[1]，聚散以成。

（《庄子·杂篇·则阳》）

注释

①相摩：相互摩擦。

〈译文〉

安危相互转化,祸福相互依存,缓急相互交接,聚散因此而形成。

去小知而大知明,去善[①]而自善[②]矣。

(《庄子·杂篇·外物》)

〈注释〉

①去善:除去矫饰的善。

②自善:自然的善。

〈译文〉

摒弃小聪明,方才显出大智慧;除去矫饰的善行,方能使自己回归自然的善性。

唯至人乃能游于世[①]而不僻,顺人而不失己。

(《庄子·杂篇·外物》)

〈注释〉

①游于世:与世俗同游。

〈译文〉

只有道德修养极为高尚的人才能够与世同游而不生邪僻,顺随于众人又不会失去自己的真性。

今且有人于此,以随侯之珠弹千仞之雀,世必笑之。是何也?则其所用者重而所要者轻也。

(《庄子·杂篇·让王》)

〈译文〉

如今却有这样的人,用珍贵的随侯之珠去弹射飞得很高的麻雀,世人一定会笑话他。这是为什么呢?乃是因为他所使用的东西价值连城而所希望得到的东西实在微不足道。

不以人之坏①自成也,不以人之卑自高②也,不以遭时③自利也。

(《庄子·杂篇·让王》)

〈注释〉

①坏:失败、败坏。

②自高：抬高自己。

③遭时：遇到时机。

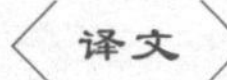

不乘人之危而自取成功，不因别人地位卑下而自视高贵，不因遭逢机调而图谋私利。

人有八疵[①]，事有四患，不可不察也。非其事而事之，谓之摠[②]；莫之顾而进之，谓之佞；希意[③]道言，谓之谄；不择是非而言，谓之谀；好言人之恶，谓之谗；析交[④]离亲，谓之贼；称誉诈伪以败恶人，谓之慝；不择善否[⑤]，两容[⑥]颊适，偷拔其所欲，谓之险。此八疵者，外以乱人，内以伤身，君子不友，明君不臣。所谓四患者：好经大事，变更易常，以挂[⑦]功名，谓之叨[⑧]；专知擅事[⑨]，侵人自用[⑩]，谓之贪；见过不更，闻谏愈甚，谓之很[⑪]；人同于己则可，不同于己，虽善不善，谓之矜[⑫]。此四患也。

（《庄子·杂篇·渔父》）

注释

①疵:缺点、毛病。

②摠:通“总”,包揽,意谓管事太多。

③希意:揣度人意。

④析交:离间故交。析,离间。交,朋友。

⑤否(pǐ):恶。

⑥两容:兼容。

⑦挂:谋取。

⑧叨(tāo):叨窃,即不应当占有而占有。

⑨专知擅事:即自以为是,个人独断。

⑩自用:刚愎自用。

⑪很:执拗、不听从。

⑫矜:自尊自大。

译文

人有八种毛病,事有四种祸患,不可以不明察。不该他做的事而去做,叫作“总”;没人理会仍喋喋不休,叫作“佞”;迎合对方、顺引话意,叫作“谄”;不辨是非、巴结奉承,叫作“谀”;喜欢背地说人坏话,叫作“谗”;离间故交、挑拨亲友,叫作“害”;伪诈称誉、败坏他人,叫作“慝”;善恶不分,好坏兼容,而脸色随应相适,暗暗攫取所欲之物,叫作“险”。有这八种毛病的人,于外能迷乱他人,于内则伤害自身,因而有道德修养的人不和他们交往,圣明的君主不

以他们为臣。“四患”是指：喜欢管理国家大事，随意变更常规常态，用以钓取功名，称作“贪得无厌”；自恃聪明而独断专行，侵害他人，刚愎自用，称作“利欲熏心”；知错不改，听到劝说却变本加厉，称作“执拗不从”；跟自己相同就认可，跟自己不同，即使是好的也认为不好，称作“自负矜夸”。这就是四患。

圣人以必不必①，故无兵②；众人以不必必之③，故多兵；顺于兵，故行有求。兵，恃之则亡④。

（《庄子·杂篇·列御寇》）

注释

①必不必：必可用而不用。

②无兵：没有争论。兵，争。

③不必必之：不必可用而必用它。

④亡：亡失、不得。

译文

圣哲的人对于必然的事物不持拗固执，所以总是没有争论；普通人却把非必然的东西看作必然，因而总是争论不休。屈从于纷争，所以一举一动都有所追求。纷争，依仗于它，到头来只会自取灭亡。

君子不为苛察，不以身假物。

（《庄子·杂篇·天下》）

译文

君子不事事计较而苛求于人，也不会让自身为外物所役使。

独与天地精神往来，而不敖倪[①]于万物，不谴[②]是非，以与世俗处。

（《庄子·杂篇·天下》）

注释

①敖倪：即“傲睨”，傲视。

②谴：责问。

译文

独自跟博大的天地和玄妙的精神来往，不傲视万物，不追问是非曲直，而是与世俗相处。

狙公赋芧[①]曰：“朝三而暮四。”众狙皆怒。曰：“然则朝四而暮三。”众狙皆悦。

（《庄子·内篇·齐物论》）

〈注释〉

①狙(jū)公赋芧(xù):养猴者给猴子分橡子。狙,猴子。狙公,养猴子的人。赋,给予。芧,橡子。

〈译文〉

养猴人给猴子分橡子,说:"早上分给你们三升,晚上分给四升。"猴子们听了非常愤怒。养猴人便改口说:"那么就早上四升,晚上三升吧。"猴子们听了都高兴起来。

小巫见大巫①,拔茅而弃,此其所以终身弗如。

(王应麟《困学纪闻 · 庄子逸篇》)

〈注释〉

①小巫见大巫:小巫法术小,大巫法术大,小巫见到大巫就不能施展他的法术,比喻相形见绌。巫,以舞降神的人。

〈译文〉

法术小者遇到法术大者,就好像拔出茅草再扔掉,因而终身不如法术大者。

亡羊而得牛[1]，断指而得头。

（王应麟《困学纪闻·庄子逸篇》）

〈注释〉

①亡羊而得牛：丢失羊而得到牛，比喻损失小而收获大。

〈译文〉

丢失羊而得到牛，断掉手指却能保住头颅。

积微之善，以至吉祥。小恶不止，乃至灭亡。

（王应麟《困学纪闻·庄子逸篇》）

〈译文〉

积累小善，就会收获吉祥。不禁止小恶，就会导致灭亡。

廉者不食不义之食，不啖[1]不义之水。

（王应麟《困学纪闻·庄子逸篇》）

〈注释〉

①啖（dàn）：吃或给人吃，这里为“喝”之意。

〈译文〉

廉洁的人不吃不符合道义的食物,不喝不符合道义的水。

马,蹄可以践霜雪,毛可以御风寒,龁[1]草饮水,翘足而陆[2],此马之真性也。虽有义台路寝[3],无所用之。

(《庄子·外篇·马蹄》)

〈注释〉

①龁(hé):咬嚼。

②陆:跳跃。

③义台路寝:指仪台正殿。义台,即仪台。路,大、正。寝,居室。

〈译文〉

马,蹄可以用来践踏霜雪,毛可以用来抵御风寒,饿了就吃草,渴了就喝水,[性起时就]扬蹄奔腾,这就是马的天性。即使有高台正殿,对马来说也没有什么用处。

牛马四足,是谓天;落[1]马首,穿牛鼻,是谓人。故曰,无以人灭天,无以故灭命[2],

无以得殉名。谨守而勿失，是谓反[3]其真。

（《庄子·外篇·秋水》）

注释

①落：通“络”，羁络。

②以故灭命：以有心有为伤害自然天性。故，有心而为。命，自然天性。

③反：通“返”，回归。

译文

牛马天生就有四只脚，这是天然；用马络套住马头，用牛鼻绾穿过牛鼻，这是人为。所以说，不要用人为的事物去毁灭天然的形态，不要用有意的作为去毁灭自然的禀性，不要为获取虚名而不顾一切。谨慎地持守自然的禀性而不丧失，这就叫作返璞归真。

为政篇

概述

庄子的政治主张是无为而治。庄子认为，自然本性是最完善的，如果人为地加以改变，便会损害自然的本性，造成不幸和痛苦。在他看来，儒家提倡的仁、义、礼、乐等都是“有为”“有害”的，违背了人的自然本性。庄子理想的社会，一是要求返回原始的素朴状态，使人与自然万物和谐共处；二是要求去除等级制度，废除仁义道德，消除欲望心机，使人与人和谐共处。他认为，统治者如果无为而顺应自然，就可以实现天下大治。从某种程度上来说，道家对于政治的关注程度并不亚于儒家，不同之处只是在于儒家以仁义统率一切，而道家认为应以无为无欲的“道”来统率一切，二家想要达到的结果可谓殊途同归。庄子的为政思想主要体现在有为之害、无为之益、如何无为等方面。一切顺应自然，虽然不免绝对化，但人们不得不承认，在现实生活中，万事万物都有其自然本性，因而顺应自然、顺应民情的为政意识对历代执政为官者皆有借鉴意义。

南海之帝为倏[①]，北海之帝为忽，中央之帝为浑沌[②]。倏与忽时相与遇于浑沌之地，浑沌待之甚善。倏与忽谋报[③]浑沌之德，曰："人皆有七窍[④]以视听食息。此独无有，尝试凿之。"日凿一窍，七日而浑沌死。

（《庄子·内篇·应帝王》）

〈注释〉

①倏(shū)：虚构的人物，寓意急匆匆的样子，指人有为。

②浑沌：虚构的人物，寓意聚合不分的样子，指自然无为。

③谋报：筹谋报答。

④七窍：人头部的七个孔穴，即两眼、两耳、两鼻孔和嘴。

〈译文〉

南海的大帝名叫倏，北海的大帝名叫忽，中央的大帝叫浑沌。倏与忽常常相会于浑沌之处，浑沌待其友好，倏和忽就商量报答浑沌的深厚情谊，说："人人都有眼耳口鼻七个孔窍用来视、听、食和呼吸，唯独浑沌没有，我们试着为他凿开七窍吧。"他们每天凿出一个孔窍，凿了七天，浑沌就死去了。

骈拇[①]枝指[②]出乎性哉，而侈[③]于德；附赘县疣[④]出乎形哉，而侈于性；多方乎仁义而用之者，列于五藏[⑤]哉，而非道德之正[⑥]也。是故骈于足者，连无用之肉也；枝于手者，树无用之指也；多方骈枝于五藏之情[⑦]者，淫僻于仁义之行，而多方[⑧]于聪明之用也。

（《庄子·外篇·骈拇》）

〈注释〉

①骈(pián)拇：指拇趾跟二趾连在一起。骈，并列。拇，大拇趾。

②枝指：指旁生小指，喻指身上多余的东西。

③侈：多余。

④附赘县疣(yóu)：喻指后天形体所生的，对自然本性来说是多余的。赘，赘瘤。

⑤五藏(zàng)：肝、心、脾、肺、肾。

⑥正：中正，此指千变万化的事态中无所偏执。

⑦五藏之情：指人的内在之情，即天生品行和欲念。

⑧多方：多生枝节。

译文

脚趾并生和歧指旁出是天生而成的，不过都多于常人之所得。附悬于人体的赘瘤出自人的形体，不过却超出了人天生而成的本体。采用多种方法推行仁义，比类于身体不可或缺的五脏，却不是无所偏执的中正之道。所以，脚上双趾并生的，是连缀起无用的肉；手上六指旁出的，是生长了无用的手指；各种并生、旁出的多余东西对于人天生的品性和欲念来说，好比迷乱而又错误地推行仁义，又像是跳脱出常态地使用人的听力和视力。

彼至正者，不失其性命之情[①]。故合者不为骈，而枝者不为歧；长者不为有余，短者不为不足。是故凫胫[②]虽短，续之则忧；鹤胫虽长，断之则悲。故性长非所断，性短非所续，无所去[③]忧也。意仁义其非人情乎？彼仁人何其多忧也？

（《庄子 · 外篇 · 骈拇》）

注释

①性命之情：即物各自得、顺其自然的真情。性，本性。命，天命。

②凫(fú)胫(jìng):野鸭脚。凫,野鸭。胫,脚。

③去:摒弃、排除。

译文

那所谓的至理正道,就是不违反事物各得其所而又顺应自然的天性。所以说,合在一块的不算是并生,而旁出枝生的不算是多余,长的不算是有余,短的不算是不足。因此,野鸭的小腿虽然很短,续长一截就有忧患;鹤的小腿虽然很长,截去一段就会痛苦。事物原本就很长,是不可以随意截短的;事物原本就很短,也是不可以随意续长的。这样各种事物也就没有必要去排除忧患了。噫!仁义恐怕不是人所固有的真情吧?那些倡导仁义的人怎么会有那么多担忧呢?

且夫待钩绳规矩[①]而正者,是削[②]其性者也;待绳约[③]胶漆而固者,是侵其德[④]者也;屈折礼乐[⑤],呴俞[⑥]仁义,以慰天下之心者,此失其常然[⑦]也。天下有常然。常然者,曲者不以钩,直者不以绳,圆者不以规,方者不以矩,附离[⑧]不以胶漆,约束不以纆[⑨]索。故天下诱然[⑩]皆生,而不知其所

以生；同焉皆得，而不知其所以得。故古今不二，不可亏也。则仁义又奚连连如胶漆纆索而游乎道德之间为哉！使天下惑也！

(《庄子·外篇·骈拇》)

注释

①钩绳规矩：皆为木工工具。

②削：伤害。

③绳约：绳索。下文皆称“纆索”。

④侵其德：伤害了事物的天性和自然。

⑤屈折礼乐：举乐行礼的形象化说法。

⑥呴俞：吹嘘。

⑦常然：常态，指人和事物的本然和真性。

⑧附离：使离析的事物相互附着。

⑨纆(mò)：绳索。

⑩诱然：不知不觉的样子。

译文

况且依靠曲尺、墨线、圆规、角尺而端正事物形态的，是损伤事物本性的做法；依靠绳索、胶漆而使事物紧紧粘固的，是伤害事物天然禀赋的做法；运用礼乐对人民生硬地加以改变和矫正，运用仁义对人民加以爱抚和教化，从

而抚慰天下民心的，也就失去了人的本然真性。天下的事物各有其固有的常态。所谓常态，就是弯曲而不依靠曲尺，笔直而不依靠墨线，正圆而不依靠圆规，端方而不依靠角尺，使离析的东西附着在一起而不依靠胶和漆，将单个的事物捆束在一起而不依靠绳索。于是，天下万物都在不知不觉中生长而不知道自己为什么生长，同样也在不知不觉中有所得而不知道自己为什么有所得。所以，古今的道理并没有两样，不能用强力去亏损。那么，仁义又为什么无休无止地像胶漆、绳索那样人为地夹在天道和本性之间呢？这真使天下人大惑不解！

吾意善治天下者不然①。彼民有常性②，织而衣，耕而食，是谓同德③；一而不党④，命曰天放⑤。故至德之世⑥，其行填填⑦，其视颠颠⑧。当是时也，山无蹊隧⑨，泽无舟梁⑩；万物群生，连属⑪其乡，禽兽成群，草木遂长⑫。是故禽兽可系羁⑬而游，乌鹊之巢可攀援而窥。

（《庄子·外篇·马蹄》）

注释

①不然：不是这样。

②常性:不会改变的、固有的本能和天性。

③同德:指人类的共性。

④党:偏私。

⑤命曰天放:称为听任自然。命,名、称作。天放,任其自然。

⑥至德之世:人类天性保留最好的年代,即人们常说的原始社会。

⑦填填:稳重的样子。

⑧颠颠:专一的样子。

⑨蹊(xī):小路。隧:隧道。

⑩梁:桥梁。

⑪连属:混同。

⑫遂长:成长。遂,成。

⑬系羁:用绳子牵引。

译文

我认为善于治理天下的人就不是这样。黎民百姓有他们固有不变的本能和天性,织布而衣,耕种而食,这就是人类共有的德行和本能。人们的思想和行为浑然一体而没有一点儿偏私,这就叫作任其自然。所以,上古之世是人类天性保留最完善的时代,人们的行动总是那么持重自然,人们的目光又是那么专一而无所顾盼。正是在这个年代里,山野里没有路径和隧道,水面上没有船只和桥梁;万物结群聚集,比邻而居,禽兽成群结队,草木发荣滋长。因此,禽兽可以用绳子牵引着游玩,鸟鹊的巢窠可以攀登上去探望。

夫马陆居则食草饮水，喜则交颈相靡[①]，怒则分背相踶[②]。马知已此矣！夫加之以衡扼[③]，齐之以月题[④]，而马知介倪[⑤]、闉扼[⑥]、鸷曼[⑦]、诡衔[⑧]、窃辔[⑨]。故马之知而态至盗[⑩]者，伯乐之罪也。

（《庄子·外篇·马蹄》）

注释

①靡(mó)：通“摩”，触摩。

②分背相踶(dì)：背对背互相踢撞。分背，背对背。踶，通“踢”。

③衡：车辕前面的横木。扼：亦作“轭”，叉马颈的条木。

④月题：马额上状如月形的佩饰。题，额。

⑤介：间侧。倪：通“睨”

⑥闉(yīn)：屈曲。扼：通“轭”，指曲颈不伸，抗拒木轭。

⑦鸷(zhì)曼：指马暴戾不驯。鸷，凶猛。曼，狂突。

⑧诡衔：指诡谲地想吐出口里的橛衔。

⑨窃辔：想偷偷地脱出马络头。

⑩态至盗：与人对抗的态度。盗，与人对抗之意。

译文

马生活在陆地上，吃草饮水，高兴时交颈相欢，生气时

背对背相互踢撞，马的智巧就只知道这些。等到后来把车衡和颈轭加在它身上，把带着月牙形佩饰的辔头戴在它头上，那么马就会侧目怒视，僵着脖子抗拒轭木，暴戾不驯，或诡谲地吐出嘴里的勒口，或偷偷地脱掉头上的马辔。所以，马日益智巧，竟能与人对抗，这完全是伯乐的罪过。

夫赫胥氏[①]之时，民居不知所为，行不知所之，含哺而熙[②]，鼓腹[③]而游，民能以此矣！及至圣人，屈折[④]礼乐以匡天下之形，县跂[⑤]仁义以慰天下之心，而民乃始踶跂好知，争归于利，不可止也。此亦圣人之过也。

（《庄子·外篇·马蹄》）

注释

①赫胥氏：传说中的古代帝王。

②熙：通“嬉”，嬉戏。

③鼓腹：鼓着肚子，意指吃得很饱。

④屈折：矫造。

⑤县跂：悬挂起来让人仰望，即标榜。

译文

上古赫胥氏的时代，黎民百姓安居而无所为，悠游而

无所往,口里含着食物嬉戏,鼓着吃饱的肚子游玩,人们所能做的就只是这样了。等到圣人出现,矫造礼乐来匡正天下百姓的形象,标榜不可企及的仁义来慰藉天下百姓的心,于是人们便开始千方百计地去寻求智巧,争先恐后地去竞逐私利,而不能终止。这也是圣人的罪过啊!

当是时也,民结绳而用之[①],甘其食,美其服,乐其俗,安其居,邻国相望,鸡狗之音相闻,民至老死而不相往来。

(《庄子·外篇·胠箧》)

〈注释〉

①结绳而用之:指文字产生之前的结绳记事。

〈译文〉

在那时,人们结绳记事,饮食甜美,衣服华美,习俗安乐,居所安适,邻近的国家相互看得见,鸡鸣狗吠之声相互听得到,人们直至老死也互不往来。

彼人含其明,则天下不铄[①]矣;人含其聪,则天下不累[②]矣;人含其知,则天下不

惑矣;人含其德,则天下不僻矣。

(《庄子·外篇·胠箧》)

注释

①铄:日光晃耀刺眼,此处指迷乱。

②累:忧患。

译文

人人都内藏明慧,那么天下就不会陷于迷乱;人人都内敛聪敏,那么天下就不会出现忧患;人人都内含智巧,那么天下就不会出现迷惑;人人都内聚德性,那么天下就不会出现邪僻。

汝游心于淡①,合气于漠②,顺物自然而无容私焉,而天下治矣。

(《庄子·内篇·应帝王》)

注释

①游心于淡:即心虚静,此处指听任自然、保持本性而无所矫饰的心境。

②合气于漠:即气平和,此指清静无为,居处漠然。

译文

你应处于保持本性、无所修饰的心境,清静无为,居处

漠然，顺应事物的自然而没有半点儿个人的偏私，那么天下也就得到治理了。

任公子为大钩巨缁[①]，五十犗[②]以为饵，蹲乎会稽[③]，投竿东海，旦旦[④]而钓，期年[⑤]不得鱼。已而[⑥]大鱼食之，牵巨钩，錎[⑦]没而下骛[⑧]，扬而奋鬐[⑨]，白波若山，海水震荡，声侔[⑩]鬼神，惮[⑪]赫千里。任公子得若鱼，离[⑫]而腊之，自制河[⑬]以东，苍梧[⑭]已北，莫不厌[⑮]若鱼者。已而后世辁才[⑯]讽说之徒，皆惊而相告也。夫揭竿累[⑰]，趣灌渎[⑱]，守鲵鲋[⑲]，其于得大鱼难矣！饰小说[⑳]以干县令[㉑]，其于大达[㉒]亦远矣。是以未尝闻任氏之风俗，其不可与经世亦远矣。

（《庄子·杂篇·外物》）

注释

①缁：黑绳。

②犗（jiè）：阉牛。

③会稽:山名,在今浙江中部。

④旦旦:天天。

⑤期(jī)年:一周年。

⑥已而:不久,以后。

⑦錎(xiàn):通“陷”,陷没。

⑧骛(wù):奔驰、乱跑。

⑨鬐(qí):鱼脊、腹之鱼鳍。

⑩侔(móu):同。

⑪惮:震撼。

⑫离:剖开。

⑬制河:指今浙江。

⑭苍梧:山名,在今广西壮族自治区。

⑮厌:通“餍”,饱食。

⑯辁(quán)才:粗浅的才能。辁,无辐的车轮。

⑰揭:举。累:细绳。

⑱趣(qū):通“趋”。灌渎:灌溉的沟渠。

⑲鲵鲋:小鱼。

⑳小说:闲言碎语,即小言詹詹。

㉑县令:国家悬挂的功令。

㉒大达:大道。

译文

任国公子做了一个大鱼钩,系上粗大的黑绳,用五十头犍牛作钓饵,蹲在会稽山上,把钓竿投向东海,每天都这样钓鱼,整整一年也没钓到一条鱼。不久,大鱼吞食鱼饵,

牵着巨大的钓钩，急速沉没海底，又迅急地扬起脊背腾身而起，掀起如山的白浪，海水为之震荡，吼声犹如鬼神，声威震慑千里之外。任公子钓得这样一条大鱼，将它剖开制成鱼干，从制河以东到苍梧以北，没有谁不饱食一顿的。这以后那些浅薄之人和喜好品评议论之士都大为吃惊，奔走相告。他们举着钓竿丝绳，奔跑在山沟小渠旁，等待小鱼上钩，至于想钓到大鱼那就很难了。修饰浅薄的言辞以求得高远的美名，对于达到通晓大道的境界来说，差距也就很大了。因此，不曾了解任公子有所大成的志趣，恐怕也不可以说是善于治理天下，而且其间的差距也是很大的。

忘乎物，忘乎天，其名为忘己。忘己之人，是之谓入于天①。

（《庄子·外篇·天地》）

注释

①入于天：融合于自然。入，融合之意。

译文

忘记外物，忘记自然，这是说他已经忘记自己。忘记自己的人，就可以说是与自然融为一体了。

绝圣弃知,大盗乃止;擿[①]玉毁珠,小盗不起;焚符破玺,而民朴鄙[②];掊[③]斗折衡,而民不争;殚残[④]天下之圣法,而民始可与论议。

(《庄子·外篇·胠箧》)

〈注释〉

①擿(zhì):掷。

②朴鄙:朴实无知。朴,敦厚朴实。鄙,固陋无知。

③掊(pǒu):破、打碎。

④殚(dān)残:耗尽、毁坏。殚,耗尽。残,毁坏。

〈译文〉

断绝圣人之道,摒弃智慧,大盗就能休止;弃掷玉器,毁坏珠宝,小的盗贼就会消失;焚烧符记,破毁玺印,百姓就会朴实;打破斗斛,折断秤杆,百姓间就没有争斗;尽毁天下的圣人之法,百姓方才可以谈论是非和曲直。

故君子不得已而临莅天下[①],莫若无为。无为也而后安其性命之情。

(《庄子·外篇·在宥》)

〈注释〉

①临莅(lì)天下:指来到从政之位而治理天下。莅,到、临。

〈译文〉

君子不得已而居于统治天下的地位,那就不如一切顺其自然。顺其自然,才能使天下人保有人类自然的本性与真情。

闻在宥天下①,不闻治天下也。在之也者,恐天下之淫②其性也;宥之也者,恐天下之迁其德③也。天下不淫其性,不迁其德,有治天下者哉!

(《庄子·外篇·在宥》)

〈注释〉

①在宥天下:指任天下自在地发展,人和事物均各得其所而相安无事,也就是无为而治。在,自在。宥,宽容。

②淫:过、超出。

③德:常态,指遵循于"道"的生活规律和处世的基本态度。

〈译文〉

只听说听任天下安然自在地发展,没有听说要对天下

进行治理。听任天下自在地发展,是因为担忧人们超越了原本的真性;任其各得其所,是因为担忧人们改变了自然的常态。天下人不超越原本的真性,不改变自然的常态,哪里用得着治理天下呢!

玄古之君天下[①],无为也,天德[②]而已矣。以道观言[③],而天下之名正;以道观分[④],而君臣之义明;以道观能,而天下之官治;以道泛观,而万物之应备。

(《庄子·外篇·天地》)

注释

①君天下:君临天下,统驭天下。君,用作动词。

②天德:指无为,即听任自然,顺应自得。

③观言:显示名。观,示、显示。言,名。

④分:职分。

译文

远古时代的君主统驭天下,一切都出自无为,即听任自然、顺其自得罢了。用“道”的观点来看待言论,那么天下的名称都合理;用“道”的观点来看待职分,那么君和臣各自承担的道义就分明了;用“道”的观念来看待才干,那

么天下的官吏都尽职尽力；从“道”的角度广泛观察，那么万事万物全都自得而又自足。

天地虽大，其化均①也；万物虽多，其治②一也；人卒③虽众，其主君也。君原于德④而成于天。

（《庄子·外篇·天地》）

注释

①化：变化、运动。均：均衡，指出于自然。

②治：条理，指万物各居其位，各有所得。

③人卒：百姓。

④德：自得，即从“道”的观念出发对待自我和外物的顺任态度。

译文

天和地虽然广大，不过它们的运动和变化却是均衡的；万物虽然纷杂，不过它们各得其所，归根结底是一致的；百姓虽然众多，主政的却是国君。国君管理天下要以顺应事物为根本，因而成事也顺应自然。

古之畜①天下者，无欲而天下足，无为

而万物化,渊静[2]而百姓定。

(《庄子·外篇·天地》)

〈注释〉

①畜:养育。

②渊静:指深沉清静,不扰乱人心。渊,水深的样子。

〈译文〉

古时候养育天下百姓的统治者,没有贪欲而天下便可富足;无所作为而万物能自行变化发展;清静无扰,百姓便能安居乐业。

绝圣弃知而天下大治。

(《庄子·外篇·在宥》)

〈译文〉

断绝圣人之道,抛弃智慧,天下就会得到治理且太平无事。

大圣之治天下也,摇荡[1]民心,使之成教易俗[2],举灭其贼心[3]而皆进其独志[4],若性之自为,而民不知其所由然[5]。

(《庄子·外篇·天地》)

注释

①摇荡:即“遥荡”,放纵自由之意。

②成教易俗:即成于教,易于俗。意思是在教化方面有所成,在陋俗方面有所改。

③贼心:伤害他人之心。

④独志:自我教化的心志。

⑤所由然:为什么这样。

译文

伟大的圣人治理天下,让民心放纵自由而不受拘束,使他们在教化方面各有所成,在陋习方面各有所改,完全消除伤害他人之心而增进自我教化的思想,就像本性在驱使他们活动,而人们并不知道为什么会是这样。

夫帝王之德,以天地为宗[①],以道德为主,以无为为常。无为也,则用天下而有余[②];有为也,则为天下用而不足[③]。故古之人贵夫无为也。

(《庄子·外篇·天道》)

注释

①以天地为宗:天地覆载万物而无心,帝王则以之为本。

宗，本。

②用天下而有余：对万物的变化生灭、社会的治乱兴衰，君主不加干预，任其自然发展，所以闲暇无事。

③为天下用而不足：天下事是无穷尽的，虽奔波劳苦、殚精竭虑地去做，仍不能做完，故而力不足。

译文

帝王的德行，以天地为根本，以道德为中心，以无为而治为纲常。帝王无为，役使天下人而闲暇有余；臣子有为，为天下事竭心尽力而仍力有不足。因此，古时候的人都看重帝王无为的态度。

上必无为而用天下，下必有为为天下用，此不易之道[①]也，故古之王天下者，知虽落[②]天地，不自虑[③]也，辩虽雕万物[④]，不自说也；能虽穷海内[⑤]，不自为也。天不产而万物化，地不长而万物育，帝王无为而天下功。

（《庄子·外篇·天道》）

注释

①不易之道：不管世事如何变迁，此“道”永不改变。不易，不变。

②落：通“络”，包括、包笼之意。

③不自虑：不自行代天思虑。

④辩虽雕万物：言其辩论可以粉饰万物。

⑤能虽穷海内：虽穷尽四海之内也找不出如此多能之人。

〈译文〉

帝王必须无为方才能役用天下，臣子必须有为方才能为天下所用，这是天经地义、不能随意改变的规律。所以，古代统治天下的人，智慧即使能包罗万象，也从不亲自去思虑；口才即使能粉饰万物，也从不亲自去言谈；才能即使能雄踞海内，也从不亲自去做。上天并不着意要产生什么而万物却自然变化产生，大地并不着意要孕育什么而万物却自然繁衍生长，帝王无为，天下自然就会得到治理。

天有六极[①]五常[②]，帝王顺之则治，逆之则凶。

（《庄子·外篇·天运》）

〈注释〉

①六极：东、西、南、北、上、下之极。

②五常：金、木、水、火、土五行。

〈译文〉

大自然本身就存在六合和五行，帝王顺应它便能治理

好国家，违背它就会招致灾祸。

今蕲行周于鲁，是犹推舟于陆也，劳而无功，身必有殃。彼未知夫无方之传[1]，应物而不穷者也。

（《庄子·外篇·天运》）

注释

①无方之传：四面八方皆可传递，隐喻无为可应对一切。无方，指没有固定的传递方向。传，传车、驿车，古时传递消息的交通工具。

译文

如今一心想在鲁国推行周王室的治理办法，这就像是在陆地上驾船而行，只会徒劳无功，自身也难免遭受祸殃。他们不懂得运动变化并无限定，只能顺应事物发展无穷的道理。

礼义法度者，应时而变者也。今取猨狙[1]而衣以周公之服，彼必龁啮[2]挽裂[3]，尽去而后慊[4]。观古今之异，犹猨狙之异

乎周公也。

（《庄子·外篇·天运》）

〈注释〉

①猨狙：不同种类的猴子。

②龁啮(hé niè)：用牙齿咬。

③挽裂：用手撕碎。

④慊(qiè)：满足。

〈译文〉

礼义法度，都是顺应时代而有所变化的。如今捕捉到猿猴给它穿上周公的衣服，它必定会把衣服咬碎或撕裂，直到全部剥光，方才心满意足。观察古今的差异，就像猿猴不同于周公。

爱民，害民之始也；为义偃兵，造兵之本也。君自此为之，则殆①不成。凡成美②，恶器也。君虽为仁义，几且③伪哉！

（《庄子·杂篇·徐无鬼》）

①殆：危险。

②成美:建立爱民为义的好名声。

③几且:近乎。

〈译文〉

所谓爱护人民,实乃祸害人民的开始;为了道义而停止争战,也只是埋下制造新争端的祸根。你如果从这些方面来着手治理国家,恐怕也不会有什么成效。大凡成就了美好的名声,也就有了作恶的工具。你虽然是在推行仁义,却更接近于虚伪啊!

古之君人者[①],以得[②]为在民,以失[③]为在己;以正为在民,以枉为在己;故一[④]形有失其形[⑤]者,退而自责。今则不然。

(《庄子·杂篇·则阳》)

〈注释〉

①君人者:统治人的人,指君主。

②得:有所得,成功。

③失:有所失,失败。

④一:一旦。

⑤形:通"刑"。

〈译文〉

古时候统治百姓的君主,把有所得归功于百姓,把有

所失归咎于自己；把正确的做法归于百姓，把各种过错归于自己。所以，只要有一个人受到损害，就退而自责。如今却不这样了。

知者之为，故动以百姓，不违其度，是以足而不争，无以为，故不求。

（《庄子·杂篇·盗跖》）

〈译文〉

睿智的统治者的做法，总是依从百姓的心思而行事，不去违反民众的意愿。所以，知足就不会争斗，无所作为，因而也就无有所求。

夫起福生利，成功遂[①]事，备物致用，使人大富。天下奢僭[②]，财货不足，民人愈丑。福满山泽，金玉成绩，国愈不安，民益少利，饰智相愚，以诈相要[③]，防堤邪淫奸宄[④]之路密，分别同异，是非之变众，则国家昏而政事衰。

（严遵《道德指归论》）

注释

①遂:顺利。

②僭(jiàn):超越本分。

③要:索取。

④邪淫奸宄(guǐ):淫乱奸邪。宄,奸邪、作乱。

译文

凭借福气而生利,事事成功顺遂,那么只要储备丰富的财货,就能使人大富。如果天下人奢侈浪费、超越本分,导致财货不足,老百姓就会更加艰难。[富人]福气充满山泽,珍宝财货堆积,国家更加不安,民众之利更少。以才智互相愚弄,以欺诈互相索取,即使严密防止淫乱、奸邪之事,区分、辨别同异,是非的变化太多,那么国家一定会昏暗而政事衰败。

道论篇

概述

庄子继承了老子“道”的思想，认为“道”是宇宙的根本，是宇宙万物的总体与存在依据。“道”是看不见、摸不着的神秘力量；“道”的运作是有法则的，它“有情有信”；“道”先于天地而存在，天地万物都是从“道”中衍生出来的；“道”是超越时空的，它既遍及于一切时空之内，同时也存在于时空之外。虽然从“物”的角度看，事物各有差异，但“以道观之，物无贵贱”，庄子主张“齐万物”。事物的大小、美丑、寿夭、贵贱、是非，乃至有无都是相对的、不断变动的，从根本上说，万物都是“道”的物化。庄子关于“有”与“无”的辩证论述，昭示了其“有无相生”的辩证法思想。出于“齐万物”“同生死”的观点，庄子认为，生与死是自然的运动，可以相互转化，所以他规劝世人不要过分地喜生厌死，应不受生死祸福问题的困扰，以寻求精神的宁静超越。庄子的道论哲学思想与人生智慧对处在激烈竞争时代的人们达观地看待生活问题、解决人生困境具有现实借鉴意义。

夫道，有情[①]有信[②]，无为无形；可传而不可受，可得[③]而不可见；自本自根，未有天地，自古以固存；神[④]鬼神帝，生天生地；在太极[⑤]之先而不为高，在六极之下而不为深，先天地生而不为久，长于上古而不为老。

（《庄子 · 内篇 · 大宗师》）

注释

①情：真实。

②信：确凿可信。

③得：体会、领悟。

④神：引出、产生。

⑤太极：派生万物的本原，即宇宙的初始。

译文

道的存在是真实而又确凿可信的，然而它又是无为和无形的；道可以意会却不可以言传，可以领悟却不可以面见；道自身就是本、就是根，在还未出现天地的远古时代就已经存在；它引出鬼帝，产生天神；它在太极之上却并不算高，在六极之下却并不算深，先于天地存在却还不算久，长

于上古却还不算老。

夫道，于大不终①，于小不遗②，故万物备。广广乎③其无不容也，渊渊乎④其不可测也。

（《庄子·外篇·天道》）

注释

①不终：没有穷尽。

②不遗：没有遗漏。

③广广乎：博大空阔啊。

④渊渊乎：幽深玄远啊。

译文

道，从大的方面说它没有穷尽，从小的方面说它无处不在，所以说万物皆有道。广大啊，道无所不包；深邃啊，道不可测量。

以道观之，物无贵贱。以物观之①，自贵而相贱。以俗观之，贵贱不在己。

（《庄子·外篇·秋水》）

〈注释〉

①以物观之:以万物自身来看。

〈译文〉

从自然的常理来看,万物本没有贵贱的区别。从万物自身来看,各自为贵而又以他物为贱。拿世俗的观点来看,贵贱不在于事物自身。

万物殊[1]理,道不私,故无名。无名故无为,无为而无不为。

(《庄子·外篇·则阳》)

〈注释〉

①殊:不同。

〈译文〉

万物都有各自的规律,大道对它们也都没有偏私,因此不去给它们授予名称[以示区别]。没有称呼,因而也就没有作为;没有作为,因而也就无所为。

道无终始,物有死生,不恃其成[1]。一

虚一满，不位乎其形。

（《庄子·外篇·秋水》）

注释

①成：成功。

译文

大道没有终结和起始，万物却有死有生，因而不可能依仗一时而成功。时而空虚，时而充实，万物从不固守于某一不变的形态。

道不可闻，闻而非也；道不可见，见而非也；道不可言，言而非也。知形形之不形[①]乎！道不当名[②]。

（《庄子·外篇·知北游》）

注释

①形形之不形：使形成为形的那个东西，本身是无形的，即指道。

②道不当名：道之实与名是不相应的、不相符的。庄子认为，如果给道加一个名称，它就会被限定，而不同于真正的道。

译文

道不可能听到,能听到的就不是道;道不可能看见,能看见的就不是道;道不可以言传,能言传的就不是道。要懂得有形之物之所以具有形体,正是因为产生于无形的道啊!因此大道不可以有名称。

道者,德之钦[①]也;生者,德之光也;性者,生之质也。性之动,谓之为;为之伪,谓之失。

(《庄子 · 杂篇 · 庚桑楚》)

注释

①钦:敬仰。

译文

大道,是道德敬仰的宗师;生命,是道德自身的光华;禀性,是生命固有的本质。合乎本性而动,就是率真的作为;迎合人为而行,则是失却本性。

道者,万物之所由[①]也,庶物[②]失之者死,得之者生,为事逆之则败,顺之则成。

(《庄子 · 杂篇 · 渔父》)

注释

①所由:得以产生的根源。由,产生。

②庶物:众物、万物。

译文

大道是万物产生的根源,各种物类失去了道就会死亡,获得了道便能生存,做事违逆它就会失败,顺应它就能成功。

其分①也,成②也;其成也,毁③也。凡物无成与毁,复通为一。唯达者④知通为一,为是不用⑤而寓诸庸⑥。

(《庄子·内篇·齐物论》)

注释

①分:分开、分解。

②成:生成、形成。“成”和“分”是相对立的,一个事物被分解了,就意味着生成一个新的事物。

③毁:毁灭,指失去了原有的状态。“毁”与“成”也是相对立的,一个新事物通过分解而生成了,就意味着原事物的本有状态必定走向毁灭。

④达者:指通晓事理的人。达,通达。

⑤为是不用:为了这个缘故不用固执己见。“不用”之后有所省略,即一定把物“分”而“成”的观点,也就是不“齐”的观点。

⑥寓诸庸:寄托于常理。寓,寄托。诸,即“之于”。庸,指平常之理。

〈译文〉

旧事物的分解亦即新事物的形成,新事物的形成亦即旧事物的毁灭。所有事物并无形成与毁灭的区别,最终还是相通而浑一。只有通达的人方才知晓事物相通而浑一的道理,因此不用固执地对事物做出这样或那样的解释,而应把自己的观点寄托于平常的事理之中。

庸也者,用也;用也者,通也;通也者,得①也;适得而几②矣。

(《庄子·内篇·齐物论》)

〈注释〉

①得:中,合乎常理之意。

②几:接近。

〈译文〉

所谓平庸的事理就是无用而有用;知道事物无用就是有用,就是通达;通达的人才是真正了解事物常理的人;恰

如其分地了解事物常理也就接近于大道。

道隐于小成[①],言隐于荣华[②]。

(《庄子·内篇·齐物论》)

注释

①小成:指一时的、局部的成功。成,成就。

②荣华:木草之花,喻指华丽的辞藻。

译文

大道被小小的、一时的成就隐蔽了,言论被浮华的辞藻所掩盖而不显。

夫大道不称[①],大辩不言,大仁不仁,大廉不嗛[②],大勇不忮[③]。

(《庄子·内篇·齐物论》)

注释

①称:举称。一说通“偁”,宣扬的意思。

②嗛(qiān):通“谦”,谦逊。

③忮(zhì):伤害。

〈译文〉

至高无上的真理是不必宣扬的，最了不起的辩说是不必言说的，伟大的仁义是不必示爱的，真正的廉正是不必谦让的，真正的勇敢是不必伤人的。

物无非彼，物无非是。自彼则不见，自是则知之。故曰彼出于是，是亦因彼。彼是方生[①]之说也。

（《庄子·内篇·齐物论》）

〈注释〉

①方生：并存。

〈译文〉

各种事物无不存在它自身对立的那一面，也无不存在它自身对立的这一面。从事物相对立的那一面看不见这一面，从事物相对立的这一面看就能有所认识和了解。所以说，事物的那一面出自事物的这一面，事物的这一面亦起因于事物的那一面。事物对立的两个方面是相互依存的。

方[1]生方死，方死方生；方可方不可，方不可方可；因[2]是因非，因非因是。是以圣人不由而照之于天[3]，亦因[4]是也。

（《庄子·内篇·齐物论》）

注释

①方：始、刚刚。下文的“方”皆同此。

②因：遵循、依托。

③天：自然，指自然天道。

④因：顺着。

译文

刚刚产生随即便面临死亡，刚刚死亡随即便会复生；刚刚肯定随即就予以否定，刚刚否定随即又予以肯定。依托正确的一面，同时也就遵循了谬误的一面；依托谬误的一面，同时也就遵循了正确的一面。因此，圣人不走这样划分正误、是非的道路，而是观察、比照事物的本然，即顺遂事物自身的情态。

是亦彼也，彼亦是也。彼亦一是非，此亦一[1]是非。

（《庄子·内篇·齐物论》）

注释

①一:同一、同样。

译文

事物的这一面也就是事物的那一面,事物的那一面也就是事物的这一面。事物的那一面同样存在是与非,事物的这一面也同样存在正与误。

枢始得其环中[①],以应[②]无穷。是亦一无穷,非亦一无穷也。故曰莫若以明。

(《庄子·内篇·齐物论》)

注释

①得其环中:喻指抓住要害。环中,环的中心。

②应:适应、顺应。

译文

抓住了大道的枢纽,也就抓住了事物的要害,从而顺应事物无穷无尽的变化。"是"是无穷的,"非"也是无穷的。所以说不如用明静的心境去观照事实的实况。

以指[①]喻指之非指，不若以非指喻指之非指也；以马[②]喻马之非马，不若以非马喻马之非马也。天地一指也，万物一马也。

（《庄子·内篇·齐物论》）

注释

①指：不宜当作手指之指，此处为组成事物的要素。联系下句可知，事物的要素并非事物本身，它只有在事物内部才有存在的依据，故有"指之非指"的说法。

②马：与上句的"指"一样，同是当时论辩的主要论题。名家公孙龙子就曾作《白马篇》，阐述了"白马非马"的观点。

译文

用组成事物的要素来说明要素不是事物本身，不如用非事物的要素来说明事物的要素并非事物本身；用白马来说明白马不是马，不如用非白马来说明白马不是马。整个自然界不论存在多少要素，作为要素而言却是一样的；各种事物不论存在多少物象，作为具体物象而言也都是一样的。

天下莫大于秋毫之末[①]，而大山[②]为

小;莫寿于殇子[③],而彭祖为夭[④]。

(《庄子·内篇·齐物论》)

注释

①秋毫之末:喻指事物的细小末端。

②大山:一说为泰山。

③殇子:未成年而死的人。

④夭:夭折、短命。

译文

天下没有什么比秋毫的末端更大的,而泰山算是微小的;世上没有什么人比夭折的孩童更长寿的,而传说中最长寿的彭祖却是短命的。

天地与我并生,而万物与我为一。

(《孔子·内篇·齐物论》)

译文

天地与我共生,万物与我合为一体。

"何谓和之以天倪[①]?"曰:"是不是,然不然。是若果是也,则是之异乎不是也亦

无辩；然若果然也，则然之异乎不然也亦无辩。化声[②]之相待，若其不相待。和之以天倪，因之以曼衍[③]，所以穷年[④]也。忘年忘义[⑤]，振于无竟[⑥]，故寓诸无竟。”

（《孔子·内篇·齐物论》）

注释

①天倪：指天然的分际。倪，分。

②化声：变化的声音，此处指是非不同的言论。

③曼衍：变化发展。

④所以穷年：用这样的办法来终了岁寿。所以，即“用这样的办法来……”。穷，尽、终了。

⑤忘年：不计岁月。忘义：不讲仁义。

⑥竟：通“境”，境界、境地。

译文

“什么叫借助天道自然来调和呢？”答：“对的也就像是不对的，正确的也就像是不正确的。对的假如果真是对的，那么对的不同于不对的，这就不须去争辩；正确的假如果真是正确的，那么正确的不同于不正确的，这也不须去争辩。融合心声同等对待，若还有不能相待的，就用天道自然来调和，因循自然变化。如此享尽人生，忘掉年龄，忘掉是非，遨游于无穷尽、无竞斗的境界，也就能把自身寄托

于悠然不息之中。”

夫阴而不阳，万物不生；阳而不阴，万物不成。天地之道，始必有终，终必有始。

（王应麟《困学纪闻·庄子逸篇》）

〈译文〉

阴而不阳，那么万物不能生存；阳而不阴，那么万物不能成长。天地之道，有始必有终，有终必有始。

罔两问景①曰：“曩②子行，今子止；曩子坐，今子起；何其无特操③与？”

景曰：“吾有待④而然者邪？吾所待又有待而然者邪？吾待蛇蚹⑤蜩翼邪？恶识所以然！恶识所以不然！”

（《庄子·内篇·齐物论》）

〈注释〉

①罔两问景：微阴问影子。罔两，影子之外的微阴。景，即影子。

②曩（nǎng）：以往、从前。

③无特操：指影子随物而动，缺乏独立性。特操，独特的操守。特，独。操，操守。

④有待：有所依靠、凭借。

⑤蛇蚹(fù)：蛇壳。蚹，指蛇肚腹下的横鳞，蛇赖此行走。

〈译文〉

影子边缘的微阴问影子："先前你行走，现在又停下；以往你坐着，如今又站了起来。你怎么没有自己独立的操守呢？"

影子回答说："我是靠别人才这样的啊！我所依靠的又有所依凭才这样的啊！我所依凭的东西就像蛇靠蚹鳞行走、鸣蝉靠翅膀飞行一样啊！我怎么知道因为什么缘故会是这样！我又怎么知道因为什么缘故而不会是这样呢！"

昔者庄周梦为胡蝶，栩栩然[①]胡蝶也，自喻适志[②]与！不知周也。俄然[③]觉，则蘧蘧然[④]周也。不知周之梦为胡蝶与，胡蝶之梦为周与？周与胡蝶，则必有分矣。此之谓物化[⑤]。

（《庄子·内篇·齐物论》）

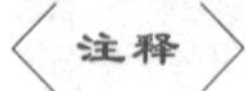

〈注释〉

①栩(xǔ)栩然：欣然自得的样子。

②自喻适志：自我愉悦惬意。喻，通“愉”。适志，指合乎心意，心情愉快。

③俄然：突然。

④蘧(qú)蘧然：惊惶的样子。

⑤物化：事物自身的变化。所谓变化，即外物与自我的交合。

译文

过去庄周梦见自己变成了蝴蝶，一只欣然飞舞着的蝴蝶，感到多么愉快和惬意啊！这时他全然忘记了自己是庄周。突然间醒过来，惊惶不定之间方知原来自己是庄周。不知是庄周梦中变成了蝴蝶，还是蝴蝶梦见自己变成了庄周？庄周与蝴蝶必定是有区别的。这就叫作外物与自我的交合与变化。

死生，命①也，其有夜旦之常②，天也。人之有所不得与③，皆物之情也。

（《庄子·内篇·大宗师》）

注释

①命：指不可避免的、非人为的作用。

②常：常规。

③与：参与、干预。

译文

死和生均非人为之力所能安排，犹如黑夜和白天交替那样永恒地变化，完全出于自然。有些事情人是不可能参与和干预的，这都是事物自身变化的规律。

夫物，量无穷，时无止①，分无常，终始无故②。是故大知③观于远近，故小而不寡，大而不多，知量无穷。证向今故④，故遥而不闷，掇而不跂⑤，知时无止。察乎盈虚⑥，故得而不喜，失而不忧，知分之无常也。明乎坦涂⑦，故生而不说，死而不祸⑧，知终始之不可故⑨也。

（《庄子·外篇·秋水》）

注释

①时无止：时间永恒向前，无有止息。

②终始无故：终而复始，无有穷尽。故，端。

③大知：指得道者。知，通“智”。

④证向今故：谓求证于古今的事情。向今，今昔。故，事。

⑤掇（duó）而不跂（qǐ）：以古证今，虽近而不可企及。掇，拾取。

⑥察乎盈虚:明白了盈与虚的相对性及相互转化。察,看清楚。盈,满。虚,空。

⑦坦涂:平坦的大路,喻指终始往复、日新不已的大道。

⑧不祸:不认为是灾祸。

⑨故:通"固",定。

〈译文〉

万物的量是无穷无尽的,时间是没有终点的,得与失是没有常规的,事物的终结和起始也是不固定的。所以具有大智慧的人观察事物从不局限于一隅,体积小却不看作少,体积大却不看作多,这是因为知道事物的量是不可穷尽的。明白古今本来就是一样的,因而寿命久远却不感到厌倦,生命只在近前却不会企求长寿,这是因为知道时间的推移是没有止境的。洞悉事物有盈有虚的规律,因而有所得也不欢欣喜悦,有所失也不悔恨忧愁,这是因为知道得与失的分际是不固定的。明了生与死之间犹如存在一条没有阻隔的平坦大道,因而生于世间不会倍加欢喜,死离人世也不觉得祸患加身,这是因为知道终了和起始是不会一成不变的。

人莫鉴于流水,而鉴于止水[①],唯止能止众止[②]。

(《庄子·内篇·德充符》)

注释

①鉴于止水：以水为镜。远古无镜子，人们对着盛水的器皿照看。

②唯止能止众止：唯有静止之物方能照人，方能使别的东西也静止下来。

译文

一个人不能在流动的水面上清楚地照见自己的身影，而是要面向静止的水面才能照清自己，只有静止的事物才能使别的事物也静止下来。

吾在于天地之间，犹小石小木之在大山也。

（《庄子·外篇·秋水》）

译文

我存在于天地之间，就好像一块小石子、一棵小树存在于巍峨的大山之中，是那么微不足道。

合异以为同，散同以为异。

（《庄子·杂篇·则阳》）

译文

组合各个不同的个体就形成混同的整体,离散混同的整体又成为各个不同的个体。

同类相从,同声相应,固天之理也。

(《庄子·杂篇·渔父》)

译文

同类相互汇聚,同声相互应和,这本是自然的道理。

大同而与小同异①,此之谓“小同异”;万物毕同毕异,此之谓“大同异”②。

(《庄子·杂篇·天下》)

注释

①小同异:指事物类与种属的关系,每类事物都有共同性质,即“大同”;每类事物中不同的种属又各有自己的共同性质,即“小同”。它们的差异叫作“小同异”。

②大同异:指事物的范畴和个体的差异,也就是事物的统一性和多样性。

〈译文〉

大同和小同相差异，这个叫“小同异”；万物完全相同，也完全相异，这个叫“大同异”。

一尺之捶，日取其半，万世不竭①。

（《庄子·杂篇·天下》）

〈注释〉

①“一尺”三句：谓有限的物质，可以被无限地分割。此命题具有科学的辩证法思想。

〈译文〉

一尺长的棍棒，每天截取一半，一万年也分截不完。

逍遥篇

概述

对待人生，庄子崇尚自然之乐、逍遥之游，主张以内在的精神力量超越外在的条件限制，摆脱世俗的一切，达到与天地精神独来独往的境界，获得精神上的绝对自由与快乐。庄子在对世俗之乐的批判中，指出快乐人生最终应融入自然大道中去追求所谓的“天乐”。他认为，明白天地之德，不违背自然之道，与大自然保持和谐，就会得到“天乐”。“天乐”就是自然之乐，就是“天”“真”之乐，即“道”之乐。庄子崇尚绝对的逍遥游境界，那是抛弃了富贵，看破了生死，脱离了情感羁绊，最终成就了无所拘缚的逍遥之游，是一种精神境界。若一个人摆脱功名、利禄、权势、尊位的束缚，而使精神活动臻于悠游自在、自怡自得的境地，就可称为“逍遥人生”。庄子的“天乐”、逍遥游所标举的精神解放，为天下无助苍生另辟一条生路，给予他们在自然与社会重重制约下的人生以自由的希望，因而受到后世推崇。

夫明白于天地之德者，此之谓大本大宗[1]，与天和者也；所以均调[2]天下，与人和者也。与人和者，谓之人乐；与天和者，谓之天乐。

（《庄子·外篇·天道》）

〈注释〉

①大本大宗:指天地万物产生的本原和根本性质。

②均调:均平协调。

〈译文〉

明白天地以无为为本的规律，这就叫作把握了大根本和大宗原，而成为跟自然谐和的人；用此来均平万物、顺应民情，便成为跟众人谐和的人。跟人谐和的，称作人乐；跟自然谐和的，就称作天乐。

圣也者，达于情而遂于命[1]也。天机不张[2]而五官皆备，无言而心说[3]，此之谓天乐。

（《庄子·外篇·天运》）

〈注释〉

①达于情而遂于命:通达万物之情,遂顺自然之规律。

②天机不张:自然蕴含之枢机没有启动。不张,不动。

③心说:无法用语言表达的内心愉悦。

〈译文〉

所谓圣,就是通达事理而顺应自然。性不动而五官具备,没有说话而心里喜悦,这就是天乐。

至乐无乐[①],至誉无誉[②]。

(《庄子·外篇·至乐》)

〈注释〉

①至乐无乐:乐与忧共存,有乐则有忧,乐之极即为无乐,唯有无乐才能无忧,而达于至乐之境。

②至誉无誉:最高的赞誉就是不赞誉,而无誉则无所不包,故为"至誉"。

〈译文〉

最大的快乐就是没有快乐,最大的荣誉就是没有荣誉。

故知天乐者，无天怨，无人非，无物累，无鬼责。

（《庄子·外篇·天道》）

〈译文〉

体察到天乐的人，不会受到天的抱怨，不会受到人的非难，不会受到外物的牵累，不会受到鬼神的责备。

言以虚静推于天地，通于万物，此之谓天乐[1]。天乐者，圣人之心以畜天下也。

（《庄子·外篇·天道》）

〈注释〉

①天乐：指圣人执守虚静无为所达到的与天地为一、与变化同体的道德境界。

〈译文〉

把虚空宁静推及天地，通达于万物，这就叫作天乐。所谓天乐，就是用圣人的爱心来养育天下人。

人有能游[1]，且得不游乎？人而不能

游②,且得游乎?

(《庄子·杂篇·外物》)

〈注释〉

①能游:能悠游自乐。

②不能游:不能自得自适。

〈译文〉

人若能随心而游,难道还会不自适自乐吗?人若不能随心而游,难道还能够自适自乐吗?

古之得道者,穷亦乐,通亦乐。所乐非①穷通也,道德②于此,则穷通为寒暑风雨之序矣。

(《庄子·杂篇·让王》)

〈注释〉

①非:无关。

②德:得。

〈译文〉

古时候得道的人,在困厄的环境里能自得其乐,在通

达的情况下也能自得其乐。心境快乐的原因不在于困厄与通达,只要道存留于心中,那么困厄与通达[对他而言]只是像寒暑、风雨的循序变化罢了。

庄子与惠子游于濠梁[①]之上。庄子曰:“鲦[②]鱼出游从容,是鱼之乐也。”惠子曰:“子非鱼,安知鱼之乐?”庄子曰:“子非我,安知我不知鱼之乐?”惠子曰:“我非子,固不知子矣;子固非鱼也,子之不知鱼之乐,全矣。”庄子曰:“请循其本[③]。子曰‘汝安知鱼乐’云者,既已知吾知之而问我,我知之濠上也。”

(《庄子·外篇·秋水》)

注释

①濠(háo)梁:濠水上的桥梁。濠水,在今安徽凤阳北。

②鲦(tiáo):俗称“苍条鱼”,身子窄小而有条纹。

③本:始,指原来的问话。

译文

庄子和惠子一道在濠水的桥上游玩。庄子说:“苍条鱼游得多么悠闲自在，这是鱼儿的快乐啊。"惠子说："你不是鱼，怎么知道鱼的快乐？"庄子说："你不是我，怎么知道我不知道鱼儿的快乐？"惠子说："我不是你，固然不知道你；你也不是鱼，你不知道鱼的快乐，也是显而易见的。"庄子说："还是让我们顺着先前的话来说。你刚才所说的'你怎么知道鱼的快乐'的话，就是已经知道了我知道鱼儿的快乐而问我，而我则是在濠水的桥上知道鱼儿的快乐的。"

人生天地之间，若白驹之过隙①，忽然而已。注然勃然②，莫不出焉；油然漻然③，莫不入焉。已化④而生，又化而死。

（《庄子·外篇·知北游》）

注释

①白驹之过隙：比喻时间极短暂。白驹，白色的骏马，比喻太阳。隙，缝隙。

②注然：如水之涌流。勃然：如苗之茁壮生长。

③漻(liáo)然：消失、静寂之状。

④化：转化。

译文

人生于天地之间，就像骏马驰过缝隙，瞬间即逝。万物蓬勃盎然，没有不生长的；变化衰逝，没有不逝去的。自

然而然地全都蓬勃而生,自然而然地全都顺应变化而死。

庄子妻死,惠子吊之,庄子则方箕踞①鼓盆而歌。惠子曰:“与人②居,长子③、老、身死,不哭亦足矣,又鼓盆而歌,不亦甚乎!”庄子曰:“不然。是④其始死也,我独何能无概⑤然!察其始而本无生,非徒无生也而本无形,非徒无形也而本无气。杂乎芒芴⑥之间,变而有气,气变而有形,形变而有生,今又变而之死,是相与为春秋冬夏四时行也。人且偃然寝于巨室⑦,而我噭噭然⑧随而哭之,自以为不通乎命,故止也。”

(《庄子·外篇·至乐》)

注释

①箕踞(jī jù):盘腿而坐,其形如簸箕。古人屈膝跪地,臀部坐在脚跟上,为标准坐态。盘腿而坐是较随便的坐式。

②人:指庄子的妻子。

③长子:生育儿女。

④是:此,指庄子之妻。

⑤概:借为“慨”,慨叹、哀伤。

⑥杂乎芒芴:一种恍惚迷离、亦真亦幻的神秘状态。

⑦巨室:比喻天地之间。

⑧噭(áo)噭然:哀哭声。

译文

庄子的妻子死了,惠子前往吊唁,庄子却正在像簸箕一样坐着,一边敲打着瓦缶一边唱歌。惠子说:“你跟你死去的妻子生活了一辈子,生儿育女,相伴终老,如今她死了,你不悲恸哭泣也就算了,还敲着瓦缶唱起歌来,这样做太过分了吧!”庄子说:“不是这样啊。她初死之时,我怎么能不感慨伤心呢!然而仔细想来,她原本就不曾有生命,不仅没有生命,而且还没有形体;不仅没有形体,而且还没有气息。在恍恍惚惚的境域之中,随着变化而有了元气,元气变化而有了形体,形体变化而有了生命,如今又变化回到死亡,这就跟春夏秋冬交替运行一样。死去的那个人已安安稳稳地寝卧在天地之间,而我却围着她呜呜地痛哭,我认为这是不通于天命的,所以也就停止了哭泣。”

惠子谓庄子曰:“人故无情乎?”庄子曰:“然。”惠子曰:“人而无情,何以谓之人?”庄子曰:“道与①之貌,天与之形,恶得不谓之人?”惠子曰:“既谓之人,恶得无

情?”庄子曰:“是[②]非吾所谓情也。吾所谓无情者,言人之不以好恶内伤其身,常因自然而不益生[③]也。”

(《庄子·内篇·德充符》)

注释

①道:指事物的本原,即宇宙万物的本体。与:赋予。

②是:此,指惠子所说的人情。

③不益生:无需培养性情。

译文

惠子对庄子说:“人原本就是没有情的吗?”庄子说:“是的。”惠子说:“一个人假若没有情,为什么还能称作人呢?”庄子说:“道赋予人容貌,天赋予人形体,怎么能不称作人呢?”惠子说:“既然称作人,又怎么能够没有情?”庄子回答说:“你说的情并不是我所说的情呀。我所说的无情,是说人不因好恶而伤害自身的本性,常常顺任自然而不随意增添什么。”

北冥[①]有鱼,其名为鲲[②]。鲲之大,不知其几千里也;化而为鸟,其名为鹏[③]。鹏之背,不知其几千里也;怒[④]而飞,其翼若

垂[⑤]天之云。

(《庄子·内篇·逍遥游》)

注释

①北冥:北海。传说北海无边无际,水深而黑。

②鲲(kūn):本指鱼卵,此借指大鱼之名。

③鹏:大鸟。

④怒:奋起。

⑤垂:边远。一说遮,“垂天”即遮天。

译文

北海里有一条鱼,名字叫作鲲。鲲的体积,真不知道大到几千里;[一日冲入去霄,]变成一只鸟,名字叫作鹏。鹏的脊背,真不知道长到几千里;当它奋起而飞的时候,那展开的双翼就像挂在天边的云。

夫列子[①]御[②]风而行,泠然[③]善也,旬有[④]五日而后反。彼于致福[⑤]者,未数数然也。此虽免乎行,犹有所待[⑥]者也。若夫乘天地之正[⑦],而御六气之辩[⑧],以游无穷[⑨]者,彼且恶[⑩]乎待哉!

(《庄子·内篇·逍遥游》)

注释

①列子:姓列,名御寇,郑国人。

②御:驾驭、乘。

③泠(líng)然:轻快的样子。

④旬:十天。有:又。

⑤致福:追求幸福。

⑥有所待:有凭借,有依赖,此处指依赖于风。

⑦天地之正:万物的根本。天地,指万物。正,本性、根本。

⑧御六气之辩:因循六气变化。御,因循、顺应。六气,指阴、阳、雨、风、晦、明。辩,变化。

⑨无穷:指无限的时间与空间,绝对自由的境界。

⑩恶(wū):何、什么。

译文

列子能驾风行走,姿态轻盈美好,十五天后方才返回。列子对于幸福从来没有汲汲去追求。他这样做,虽然免除了行走的劳苦,可还是有所依凭。如果遵循宇宙万物的规律,把握"六气"的变化,遨游于无穷无尽的境域,他还仰赖什么呢!

忘其肝胆,遗其耳目;反覆终始,不知端倪;芒然彷徨乎尘垢[①]之外,逍遥乎无为之业[②]。

(《庄子 · 内篇 · 大宗师》)

注释

①尘垢:喻指人世。

②无为之业:无所作为的境界。

译文

忘掉了肝胆,也忘掉了耳目;让生命随着自然而循环变化,不探求它们的分际;茫茫然彷徨于人世之外,逍遥自在地生活在无所作为的境界中。

鱼相造[①]乎水,人相造乎道。相造乎水者,穿池而养给[②];相造乎道者,无事而生定[③]。故曰,鱼相忘乎江湖,人相忘乎道术。

(《庄子·内篇·大宗师》)

注释

①造:往、适。

②养给:给养充裕。给,足。

③生定:性情平静安适。生,通“性”。

译文

鱼争相投水,人争相求道。争相投水的鱼,掘地成池

便给养充裕;争相求道的人,漠然无为便心性平适。所以说,鱼相忘于江湖里,人相忘于道术中。

知天之所为,知人之所为者,至矣。知天之所为者,天而生也;知人之所为者,以其知之所知以养其知之所不知,终其天年而不中道夭者:是知之盛也。

(《庄子 · 内篇 · 大宗师》)

译文

知道哪些是自然的作为,并且了解哪些是人的作为,这就达到了认识的极点。知道自然的作为,是懂得事物出于自然;了解人的作为,是用自己的智力所知的去保养自己的智力所不知的,使自己尽享天年而不中途夭折,这恐怕就是认识的最高境界了。

浮游,不知所求;猖狂①,不知所往;游者鞅掌②,以观无妄③。

(《庄子 · 外篇 · 在宥》)

注释

①猖狂:漫不经心地随意活动。

②鞅掌：纷纷攘攘的样子。

③无妄：即真实、现实的存在。妄，虚、不实。

译文

悠游自在，无所贪求；随心所欲，无所不适；游心在纷纭的现象中，来观看万物的真相。

出入六合，游乎九州[①]，独往独来，是谓独有[②]。独有之人，是谓至贵。

（《庄子·外篇·在宥》）

注释

①九州：所指历来含义不定，这里可以理解为当时中原一带人们熟悉的地域。

②独有：指不为外物所拘滞。

译文

往来于天地四方，游乐于整个世界，独自无拘无束地去，又自由自在地来，这样的人就可谓拥有万物而又超脱于万物。拥有万物而又超脱于万物的人，称得上是至高无上的人。

圣人之心静乎！天地之鉴[①]也，万物

之镜也。夫虚静恬淡寂漠无为者，天地之本而道德之至，故帝王圣人休[②]焉。

（《庄子·外篇·天道》）

注释

①鉴：镜。

②休：栖止。

译文

圣人的心境是多么虚空宁静啊！可以作为天地的明镜，也可以作为万物的明镜。虚静、恬淡、寂寞、无为，是天地的基准，是道德修养的最高境界，所以古代帝王和圣人都停留在这一境界上。

千金，重利；卿相，尊位也。子独不见郊祭之牺牛[①]乎？养食[②]之数岁，衣以文绣[③]，以入大庙[④]。当是之时，虽欲为孤豚[⑤]，岂可得乎？子亟去，无污我。我宁游戏污渎[⑥]之中自快，无为有国者[⑦]所羁，终身不仕，以快吾志焉。

（《史记·老子韩非列传》）

注释

①郊祭:祭祀天地。牺牛:用作祭品的牛。

②食(sì):喂养。

③衣以文绣:给它披上带有花纹的绸缎。衣,穿、披。

④大庙:太庙,即宗庙。大,同“太”。

⑤孤豚:小猪。

⑥渎:小水沟。

⑦有国者:掌握国家政权的人。

译文

千金是厚礼,卿相是尊贵的高位。您难道没见过祭祀天地用的牛吗?喂养它好几年,给它披上带有花纹的绸缎,把它牵进太庙去当祭品。在这个时候,它即使想做一头孤独的小猪,以免遭宰割,还能做得了吗?您赶快走吧,不要玷污了我的操守。我宁愿在污浊的小水沟里自寻欢乐,也不愿被国君所束缚。我宁愿终身不做官,也要让自己心志愉快。

至礼有不人[①],至义不物[②],至知不谋[③],至仁无亲[④],至信辟金[⑤]。

(《庄子·杂篇·庚桑楚》)

注释

①至礼有不人:不以人为的礼仪文质为重。不人,指没有人

我之分。

②至义不物:指万物得其所宜。义,通“宜”。不物,指没有物我之分。

③不谋:无需谋虑。

④无亲:无需亲。

⑤辟金:不需要拿金钱作质证。

译文

最好的礼仪就是不分彼此、视人如己,最好的道义就是不分物我、各得其宜,最高的智慧就是无需谋虑,最大的仁爱就是对任何人也不表露爱意,最大的诚信就是无需用贵重的东西作为凭证。

美审篇

概述

庄子第一次把自然之美提到了重要地位，从“道”的根本属性上阐述自然美，认为大自然是“道”最完美的体现。他崇尚虚静恬淡，高扬“淡然无极而众美从之”的境界，反对“文饰之美”，反对一切人为的雕饰。“淡”以素朴为基调，无所矫饰，是洗尽铅华的“朴”美，也是不染纤尘的纯美。从社会现象来说，自然又表现为真实，自然之美也是率真之美。相应地，虚伪矫饰就是丑。对自然美的追求，使庄子对世俗的美丑进行了重新审视。他认为，一般人所谓的美丑都是相对的，从而也是应该予以否定的。美和丑的相对性统一于“道”。庄子认为只要符合“道”，就是美，丑在“法天贵真”中可以转化为美。他强调“法天贵真”，不仅体现为反对人工雕琢、追求事物的天然本真，也体现为推崇纯真率性的人格。庄子自然恬淡的审美观，在后世繁衍出诸如平淡、清淡、淡雅、淡泊等众多相关的审美范畴群，其“贵真”的文艺观对中国的文艺创作也产生了深远的影响。

白玉不毁，孰为珪璋[①]！道德[②]不废，安取仁义[③]！性情不离，安用礼乐！

（《庄子·外篇·马蹄》）

〈注释〉

①珪璋：玉器。上尖下方的为珪，半珪形为璋。

②道德：指人类原始的自然本性。

③仁义：指人为的各种道德规范，与上句的“道德”形成对立。

〈译文〉

一块白玉若不剖开，哪能成为贵重的玉器！人类原始的自然本性不被废弃，哪里用得着仁义！人类固有的天性和真情不被背离，哪里用得着礼乐！

吾所谓臧[①]者，非仁义之谓也，臧于其德而已矣；吾所谓臧者，非所谓仁义之谓也，任其性命之情而已矣。

（《庄子·外篇·骈拇》）

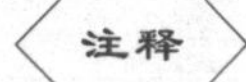

〈注释〉

①臧：善、美好。

〈译文〉

我所说的完美,绝不是仁义之类的东西,而是在于自得罢了;我所说的完善,绝不是所谓的仁义,而是放任天性、保持真情罢了。

泽及万世而不为仁,长于上古而不为寿,覆载天地刻雕众形①而不为巧,此之谓天乐。

(《庄子·外篇·天道》)

〈注释〉

①刻雕众形:喻指道创生万物的多种形态,好像匠人雕刻出各种物形。

〈译文〉

恩泽施及万世不算是仁爱,比远古之世还要年长不算是长寿,覆天载地、雕刻众物之形不算是智巧,这就叫作天乐。

若夫不刻意而高,无仁义而修,无功

名而治，无江海而闲，不道引而寿，无不忘也，无不有[①]也。澹然[②]无极，而众美从之。此天地之道，圣人之德也。

（《庄子·外篇·刻意》）

注释

①无不有：无心于上述五者，反而得五者之全，无一不有。

②澹（dàn）然：淡漠无心，不在意。

译文

至于不用克制意欲就能使行为崇高，不用仁义而使身修，不追求功名而使天下得治，不用隐居江海而得闲暇，不用修习导引之术而得长寿，将上面所说的全部忘掉，而又能无一不备。淡漠无心之极，一切美好的东西必随之而来。这是天地之大道，圣人之德性也。

纯素[①]之道，唯神是守；守而勿失，与神为一；一之精通，合于天伦[②]。

（《庄子·外篇·刻意》）

注释

①体纯素：与“纯粹”义近，更强调素质、本性之纯一不杂。

②天伦：此指自然之理。

译文

纯粹素朴的道，就是持守精神；持守精神而不失却本真，与精神融合为一；专一能使精神、智慧畅通无碍，也就合于自然之理。

故素也者，谓其无所与杂也；纯也者，谓其不亏其神也。能体纯素[1]，谓之真人[2]。

（《庄子·外篇·刻意》）

注释

①体纯素：以纯素为体。

②真人：得道者，与至人、神人相近。

译文

"素"就是说没有什么与它混杂，"纯"就是说自然赋予的东西没有亏损。能够体察纯和素，就可以称他为"真人"。

静而圣[1]，动而王[2]，无为也而尊，朴素而天下莫能与之争美。

（《庄子·外篇·天道》）

注释

①静而圣:保持自身虚静无为则为圣人。

②动而王:无欲无求、顺天道而动则为帝王。

译文

保持虚静无为而成为玄圣,顺天道而动则成为帝王;无为方才能取得尊尚的地位,保持自然素朴的天性,天下就没有什么东西可以与其媲美。

夫天地者,古之所大也,而黄帝尧舜之所共美也。故古之王天下者,奚为哉?天地而已矣[①]。

(《庄子 · 外篇 · 天道》)

注释

①天地而已矣:像天地那样虚静无为就是了。

译文

天地,自古以来被认为是宏大的,为黄帝、尧、舜所共同赞美。所以,古时为天下之王的人,还要做什么呢?像天地那样虚静无为就是了。

天地有大美[①]而不言，四时有明法[②]而不议，万物有成理[③]而不说。圣人者，原[④]天地之美而达万物之理。是故至人无为，大圣不作，观于天地之谓也。

（《庄子·外篇·知北游》）

〈注释〉

①大美：指天地覆载万物、生养万物而又不自居其功，具有最大的美德。

②明法：明确的规律。

③成理：万物生成之理。

④原：本。

〈译文〉

天地有大美却不表达，四时具有显明的规律却不评议，万物具有生成之理却不谈论。圣哲的人探究天地伟大的美而通晓万物生长的道理。所以，至人顺应自然而无所作为，大圣不妄自造作，这是说取法于天地的缘故。

虚无恬淡，乃合天德。

（《庄子·外篇·刻意》）

〈译文〉

虚空又恬淡,方才合乎自然的本性。

真者,精诚之至也。不精不诚,不能动人。

(《庄子·杂篇·渔父》)

〈译文〉

所谓真,就是精诚的极点。不精不诚,不能感动人。

真在内者,神动于外,是所以贵真也。

(《庄子·杂篇·渔父》)

〈译文〉

自然的真性存在于内心,神情表露在外,这就是看重真情本性的原因。

礼者,世俗之所为也;真者,所以受于天①也,自然不可易也。故圣人法天②贵真,不拘于俗。愚者反此。不能法天而恤③于人,不知贵真,禄禄④而受变于俗,

故不足。

(《庄子·杂篇·渔父》)

〈注释〉

①天:自然。

②法天:效法自然。

③恤:忧虑、担心。

④禄禄:随从的样子。

〈译文〉

礼仪,是世俗之人的行为;纯真,禀受于自然,自然不可改变。所以圣哲的人总是效法自然、看重本真,不受世俗的牵累。愚昧的人则恰好与此相反。不能效法自然而忧虑世人,不知道珍惜真情本性,庸庸碌碌地在流俗中承受着变化,所以总是不知满足。

其美者自美①,吾不知其美也;其恶者自恶,吾不知其恶也。

(《庄子·外篇·山木》)

〈注释〉

①自美:自己认为漂亮。

译文

那个长得漂亮的自以为漂亮，但我并不觉得她漂亮；那个长得丑陋的自以为丑陋，但我并不觉得她丑陋。

举莛与楹[①]，厉[②]与西施，恢恑憰怪[③]，道通为一[④]。

（《庄子 · 内篇 · 齐物论》）

注释

①莛(tíng)：草茎。楹(yíng)：厅堂前的木柱。“莛”“楹”互为对文，代指物之细小者和巨大者。

②厉：通“疠”，指皮肤溃烂、外表丑陋的人。

③恢恑憰(jué)怪：指千奇百怪的各种事态。恢，宽大。恑，奇变。憰，诡诈。

④一：浑一、一体。庄子认为，世上一切小与大、丑与美等千差万别的各种情态或各种事物，都是相通而又处在对立统一体内，从这一观点出发，世上一切事物就不会不“齐”，不会不具有某种共同性。

译文

细小的草茎和高大的庭柱，丑陋的癞头和美丽的西施，宽大、奇变、诡诈、怪异等千奇百怪的各种事态，从“道”

的角度看,都是相通而浑一的。

西施病心而颦[①]其里;其里之丑人见之而美之[②],归亦捧心而颦其里。其里之富人见之,坚[③]闭门而不出;贫人见之,挈妻子[④]而去走。彼知颦美,而不知颦之所以[⑤]美。

(《庄子·外篇·天运》)

注释

①颦(pín):皱眉头。

②美之:用作动词,即"以之为美",可解释为"以……为美"或"觉得……美"。

③坚:紧紧地。

④挈(qiè)妻子:携妻子和孩子。

⑤所以:……的原因。

译文

西施患心口痛的病,难受地皱着眉头从乡里走过。乡里有个丑妇,看见西施的模样觉得很美,回家后也模仿西施,故意按着胸口,皱着眉头,在村里走。乡里的富人看见她,就紧紧地关上大门不出来;穷人看见她,立刻带着妻子

儿女远远地躲开。那个丑妇只知道西施捧心皱眉的样子美，却不知道为什么美。

是其所美者为神奇，其所恶者为臭腐；臭腐复化为神奇，神奇复化为臭腐。

（《庄子·外篇·知北游》）

译文

把那些所谓美好的东西看作是神奇，把那些所谓讨厌的东西看作是臭腐；[神奇与臭腐随着人的好恶可以相互转化，所以]臭腐的东西可以再转化为神奇，神奇的东西也可以再转化为臭腐。